Fröhliche
Weihnachten

© 2016 Carlsen Verlag GmbH, 22765 Hamburg
Alle deutschen Rechte vorbehalten.
Umschlagillustration: Miriam Cordes
Lektorat: Imke Sörensen
Herstellung: Derya Yildirim
Lithografie: Buss & Gatermann GmbH, Hamburg

ISBN: 978-3-551-18369-9

Fröhliche Weihnachten

Mit Texten von Ruth Rahlff und Bildern von Miriam Cordes,
Dorothea Tust, Katja Mensing, Outi Kaden, Jörg Hilbert, Heribert Schulmeyer

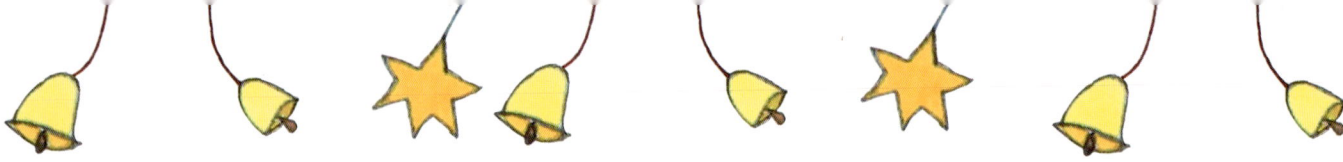

Inhalt

Das Weihnachtsmann-Tagebuch

6. Januar

Liebes Tagebuch!

... Hm ... wie fange ich am besten an ... Vielleicht so: ich bin der Weihnachtsmann. Und ich schreibe nun dieses Tagebuch. Wie das kam? Also ... Nachdem am Weihnachtsabend spät in der Nacht alle Geschenke verteilt waren, schleppte ich mich mit meinen Rentieren Fred, Leila, Rafael und Karacho nach Hause. Beim Aufschließen der Tür bemerkte ich, dass etwas im Briefkasten klemmte. Ein Geschenk! Hatte ich etwa ein Kind vergessen? Mit zitternden Fingern riss ich das Papier auf. Und zum Vorschein kamst ... du ... ein Weihnachtsgeschenk von Urgroßtante Elfriede. Ich war überrascht. Schließlich schreibe ich höchst selten. Vielleicht mal einen Einkaufszettel. Oder eine SMS. Doch je länger ich dich in der Hand hielt, desto besser gefiel mir der Gedanke: T a g e b u c h schreiben. Also ein Buch ganz für mich allein. Wirklich nur für mich und niemanden sonst. Das ist etwas ziemlich Besonderes für mich.

Gez. DER WEIHNACHTSMANN

Wann kommt Weihnachten?

Wann kommt Weihnachten?«, fragt Lulu. Sie stellt sich auf die Zehenspitzen und schaut sich in Jakobs Laden um. Der alte Jakob führt den kleinen Laden an der Ecke. Hier kann man alles Mögliche kaufen: Seife und Salat, Zahnpasta und Ziegenkäse, Brot und Bananen.

Seit einigen Tagen stehen überall glänzende Nikoläuse herum. Und Kartons mit Lebkuchen, Spekulatius, Christstollen und Schokoladenkugeln in buntem Papier.

»Jetzt dauert es bestimmt nicht mehr lange, bis Weihnachten ist«, meint Lulu.

Doch Jakob schüttelt den Kopf und zeigt auf das Kalenderblatt. »Wir haben erst September«, sagt er. »Bis das Christkind kommt, dauert es noch eine ganze Weile.«

Lulu ärgert sich. »Und wieso stehen hier dann die ganzen Weihnachtssachen?«, will sie wissen und schnippt einen Nikolaus mit blauem Mantel um.

Hilflos zuckt Jakob mit den Schultern. »Das ist doch in allen Läden so. Jedes Jahr kommen die Weihnachtssachen schon im Herbst in die Geschäfte.«

»Das finde ich ganz schön blöd«, sagt Lulu, dreht sich um und marschiert aus dem Laden. Ohne sich von Jakob zu verabschieden.

Einige Tage später schickt Mama Lulu zu Jakob, um Milch zu kaufen.

»Weißt du was, Lulu?«, meint Jakob. »Ich habe nachgedacht. Du hast Recht. Die Weihnachtssachen so früh auszustellen, ist wirklich blöd. Ich werde alles wieder abbauen und hinten in den Lagerraum legen. Bis es wirklich Zeit für das Christkind ist. Hilfst du mir?«

»Klar«, sagt Lulu.

Die Wochen vergehen. In der Schule feiert Lulu mit ihrer besten Freundin Pia, den anderen Kindern und den Lehrern ein Erntedankfest. Ein wenig später laufen Lulu und Pia mit selbst gebastelten Laternen durch die Straßen des Viertels. Und wieder etwas später stellt Lulu mit Mama einen Adventskranz auf.

In der ganzen Zeit hält Jakob sein Versprechen: keine Weihnachtssachen im Laden, bevor die Weihnachtszeit begonnen hat.

Dann kommt der erste Dezember. Lulu öffnet ihr erstes Türchen am Adventskalender. »Bald ist Nikolaus. Vorher müssen wir noch unsere Stiefel putzen«, sagt Mama. »Läufst du zu Jakob und holst Schuhcreme?«

Lulu nickt und geht los. Unterwegs trifft sie Pia. »Ich muss zu Jakob. Kommst du mit?«, fragt Lulu.

»Natürlich«, antwortet Pia.

Wie immer klingeln die Glöckchen an Jakobs Tür, als Lulu und Pia den Laden betreten.

Verwirrt schaut Lulu sich um: keine Schokoladenengel, keine Plätzchen, keine Lebkuchen. Dabei hat Mama doch gesagt, dass bald Nikolaus ist! »Wann ist denn nun endlich die Weihnachtszeit?«, fragt sie verwundert.

Jakob lächelt geheimnisvoll. »Na, jetzt natürlich«, sagt er.

»Das sieht man aber gar nicht«, stellt Pia fest. Wieder klingelt es an der Tür. Lulu schaut auf. Es ist Frau Schwertfeger von nebenan. »Jakob, letztes Jahr hattest du so schöne Tannenbaumkugeln. Leider ist mir eine von ihnen zerbrochen. Hast du noch welche übrig?« Da erst bemerkt auch Frau Schwertfeger, dass rein gar nichts im Laden nach Weihnachten aussieht.

Wieder schmunzelt Jakob. »Kommt mal alle mit«, fordert er sie auf. Neugierig gehen Lulu, Pia und Frau Schwertfeger hinter Jakob her.

Der durchquert den Lagerraum und öffnet eine unscheinbare, schmale Tür an der Rückseite des Lagers. Vor ihnen liegt eine dunkle Kellertreppe. Jakob schaltet ein spärliches Licht an und wendet sich um.

»Darf ich bitten, die Damen?«, sagt er munter und verbeugt sich.

»Was ist denn da unten?«, will Lulu wissen.

»Überraschung!«, entgegnet Jakob.

Lulu steigt die abgetretenen Kellerstufen hinab. Sie schnuppert. Es riecht ein wenig nach Erde, aber je weiter sie nach unten kommen, desto mehr duftet es. Nach Äpfeln, nach Zimt, nach Anis …

13

Immer weiter geht es nach unten. »Das ist ein bisschen unheimlich«, wispert Pia in Lulus Ohr. Lulu nickt. Wohin Jakob sie wohl führt? Zum Glück ist Frau Schwertfeger dabei, die hinter ihnen prustet und schnauft.

Da geht es um die letzte Biegung. »Ah!«, ruft Frau Schwertfeger über Lulus Kopf hinweg. »Das ist ja wunderbar.«

Und das ist es. Lulu kann sich gar nicht sattsehen. Am Fuß der Treppe öffnet sich ein geräumiges Kellergewölbe. Unzählige weiße und rote Lichter funkeln darin. In niedrigen Holzregalen sind die leckersten Köstlichkeiten ausgebreitet: Lebkuchenhäuser, Pfeffernüsse, die verschiedensten Plätzchensorten. Dazu gibt es Weihnachtstees, dunkelrote Kerzen und Orangen, Adventskränze, Kalender, Weihnachtsmänner und Nikoläuse in allen Farben und Formen. An kahlen Zweigen hängt lauter Adventsschmuck: zierliche Engelsfiguren und glitzernde Tannenbaumkugeln. Frau Schwertfeger schlägt die Hände zusammen. »Das ist ja ein richtiges Weihnachtswunder!«, ruft sie.

Auch Lulu ist begeistert. »Jetzt sieht es bei dir richtig schön nach Weihnachten aus«, stellt sie zufrieden fest.

»Vielen Dank«, sagt Jakob lächelnd und schenkt Lulu den größten Nikolaus in seinem Weihnachtskeller.

Adventskranz

Anna klingelt an der Tür der Nachbarwohnung. »Anna, wie schön, dass du mich besuchst«, sagt Frau Winderlich.

Anna plumpst auf Frau Winderlichs Sofa. »Hast du Kekse?«, fragt sie.

»Natürlich«, erwidert Frau Winderlich lächelnd und öffnet ihre Keksdose. »Magst du auch einen Kakao?«

»Natürlich!« Anna hopst vom Sofa und hilft Frau Winderlich beim Kakaokochen.

Als sie die Tassen auf den Tisch stellt, ruft sie: »Du hast ja gar keinen Adventskranz.«

»Leider nein«, antwortet Frau Winderlich.

Nach dem Kakaotrinken läuft Anna zu Mama und Papa. Der Adventskranz lässt ihr keine Ruhe. Frau Winderlich braucht auch einen, findet sie

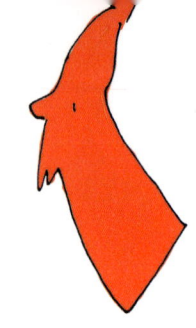

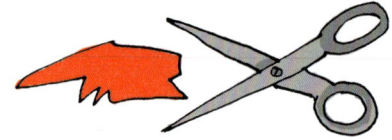
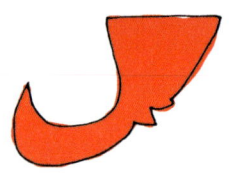

und beschließt, der Nachbarin einen zu kaufen. Sie schüttelt ihr Sparschwein. Es fällt eine Münze heraus. Das reicht nicht für einen Kranz.

Anna bittet Mama und Papa um etwas Geld.

»Gern«, sagt Mama, »aber die Geschäfte sind geschlossen.«

»Oje!«, ruft Anna. »Aber morgen ist doch schon der erste Advent. Und jetzt?«

»Du könntest Frau Winderlich selbst einen Kranz basteln«, schlägt Papa vor. Anna findet den Vorschlag super und zieht einige Tannenzweige aus ihrem großen Adventskranz, bis Mama meint, dass es nun reiche.

Doch als Anna die Zweige zusammenbindet, sieht der Kranz für Frau

Winderlich ganz schön mickrig aus. Also malt Anna Nikoläuse auf rotes Tonpapier, schneidet sie aus und steckt sie zwischen die Zweige. Dazu kommen drei Feuerwehrautos, denn die sind auch rot. Das passt gut, findet Anna. Sie legt den Kranz auf einen Teller und füllt die Mitte mit bunten Schokoku-

geln auf. Zum Schluss verteilt sie vier Teelichter und läuft zur Nachbarwohnung.

»Ich habe dir einen Adventskranz gebastelt«, sagt Anna, als Frau Winderlich ihr die Tür öffnet. Frau Winderlich umarmt Anna, strahlt und sagt: »Das ist der schönste Adventskranz, den ich je hatte!«

9. Januar

Liebes Tagebuch!
Der Schlitten ist in der Scheune verstaut. Die Keksdosen stapeln sich
abgewaschen in der Speisekammer. Die Glöckchen vom Geschirr der
Rentiere liegen auf Hochglanz poliert in ihrem Karton. Kurz: Die Arbeit
ist getan. Da sollte es mir doch blendend gehen. Weit gefehlt! Ich
fühle mich müde. Schrecklich müde.
Mehr fällt mir heute leider nicht ein, liebes Tagebuch.
Gez. DER WEIHNACHTSMANN

25. Januar

Liebes Tagebuch!
Zu Hause herrscht dicke Luft. Die Rentiere finden, dass ich mich
gehen lasse. Fred ist sauer, dass ich keine Lust habe,
Zeichentrickserien mit ihm zu gucken. Und Leila ärgert sich, dass ich
auf unseren Spaziergängen immer so weit hinterhertrödele. Aber was
soll ich machen? Ob dick oder nicht — die Luft ist einfach bei mir
raus. Am liebsten würde ich den ganzen Tag nur schlafen.
Gez. DER WEIHNACHTSMANN

Die Weihnachtsbäckerei

Die sechs Kinder von Bauer Hansen und all ihre Freunde backen Weihnachtsplätzchen in der Küche. Ausgerechnet jetzt sind die Hühner aus ihrem Gehege ausgebrochen!
Wie viele haben sich in die Küche verirrt?

18

MEHL

19

Cara und das Christkind

Cara schlägt die Augen auf. Hat sie geträumt? Nein, denn da hört sie es wieder: ein leises Murmeln.

Schnell klettert Cara aus ihrem Hochbett und öffnet das Fenster. Draußen ist alles weiß. Über Nacht hat es geschneit.

»So ein Unglück! So ein Pech!«, schimpft eine Stimme unter ihr. Cara lehnt sich hinaus. Da steht jemand. Ein kleines Wesen mit blonden Locken und einem Flügel auf dem Rücken. Den anderen Flügel hält es in der Hand.

»Wer bist du denn?«, fragt Cara.

»Wer soll ich schon sein? Das Christkind bin ich natürlich.«

»Das Christkind? Aber Weihnachten ist doch erst in zwei Wo…«

»Ja, ich weiß. In zwei Wochen«, unterbricht das Christkind Cara ungeduldig. »Aber pünktlich am ersten Advent fange ich an zu trainieren. Damit ich fit bin zu Weihnachten.«

»Du trainierst? Was denn?«

»Saltos, Slalomfliegen, Wolkenrücken – was man eben so braucht, wenn man einen Haufen Geschenke ausliefern muss.« Das Christkind seufzt. »Nur wird es dieses Jahr wohl nichts mit den Geschenken.«

Cara ist enttäuscht. Sie hat sich einen Fußball, Zutaten für ihren Experimentierkasten und eine Riesenschildkröte gewünscht.

Das Christkind mustert Cara. »Tut mir leid. Die Schildkröte fand ich eine tolle Idee.«

»Woher weißt du das denn?«, ruft Cara überrascht.

»Das ist mein Job. Außerdem hast du mir deinen Wunschzettel schon im August geschickt.«

»Sicher ist sicher«, sagt Cara. »Und warum wird es dieses Jahr nichts mit den Geschenken?« Das Christkind hält Cara den Flügel unter die Nase. »Ich bin beim Fliegen mit einem Spielzeugroboter zusammengestoßen. Die Federn sind völlig zerzaust und durcheinander. Nun funktioniert er nicht mehr.«

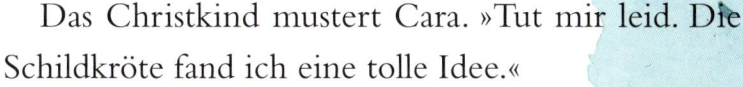

»Das kriegen wir wieder hin«, sagt Cara. »Komm rein!«

Mehr flatternd als fliegend landet das Christkind in Caras Zimmer. Cara kniet sich vor ihr Bett und zieht den Experimentierkasten hervor.

Da kommen Schritte den Flur entlang. »Das ist Papa! Schnell! Versteck dich hinter dem Puppenhaus«, flüstert Cara, hüpft in ihr Bett und zieht die Decke bis ans Kinn hoch.

Papa öffnet die Tür. »Cara? Ist alles in Ordnung?«

Cara gähnt. »Alles okay«, brummt sie verschlafen.

»Ich dachte, ich hätte Stimmen gehört.« Papa wuschelt Cara durchs Haar. Da fällt ihm das geöffnete Fenster auf. »Komisch, vorhin war es doch zu.« Cara gähnt wieder. So herzhaft, dass Papa gleich mitgähnen muss – und das Christkind hinter dem Puppenhaus auch. Doch das hört Papa zum Glück nicht.

Sobald sich die Tür wieder hinter ihm geschlossen hat, klappt Cara den Experimentierkasten auf.

»Das sind ja tolle Sachen«, staunt das Christkind und kramt darin herum.

»Ja, zum Beispiel dieser Superkleber. Den probieren wir gleich mal aus«, meint Cara. Gemeinsam verteilen die beiden die Masse zwischen den Federn. Cara hilft dem Christkind, den Flügel auf dem Rücken zu befestigen.

»Ich probiere ihn gleich aus!«, ruft das Christkind und hüpft aus dem Fenster. Cara hört es rumpeln. Kurz darauf klettert das Christkind wieder hinein. An dem reparierten Flügel stehen die zerrupften Federn in alle Richtungen ab. »Ich fürchte, ich muss beim Engelservice einen neuen Flügel bestellen«, sagt es. »Aber das dauert Wochen. Vor Weihnachten wird der nie fertig.«

Cara ist mit ihren Gedanken ganz woanders. Sie mustert den kaputten Flügel. »Ich glaub, der Kleber war zu schwer«, sagt sie. »Komm!«

Gemeinsam schleichen die beiden ins Wohnzimmer. Papa liegt auf dem Schlafsofa und schnarcht. Neben ihm liegt ein Berg Wolle und auf dem Tisch ein Haufen Stricknadeln.

»Papa lernt gerade Socken stricken«, erklärt Cara, als sie den verwunderten Blick des Christkindes bemerkt. Leise zieht sie zwei Stricknadeln aus dem Haufen, die mit einem dünnen Draht verbunden sind. In diesem Moment klingelt das Telefon. Mit einem Satz schnappt sich Cara die Stricknadeln und in Windeseile flitzen sie und das Christkind zurück in Caras Zimmer.

»Jetzt baue ich dir einen neuen Flügel«, erklärt Cara. »Du musst dir nur die Farbe aussuchen.« Aus einer Schublade kramt sie dünne Stoffreste. Das Christkind entscheidet sich für lila, weil es gut zu den Federn passt.

Während Cara aus der Stricknadel, dem Stoff und dem Superkleber einen neuen Flügel bastelt, hockt das Christkind auf dem Dach des Puppenhauses und lässt die Beine baumeln.

»Fertig!« Stolz hält Cara dem Christkind den Flügel hin. Er ist etwas größer als der andere.

Diesmal stößt sich das Christkind vorsichtig vom Fensterbrett ab. Cara hält den Atem an. Ob es gleich wieder rumpelt?

»Wunderbar!«, jubelt das Christkind und schwebt vor Cara auf und ab. »Der Flügel fühlt sich toll an. Danke, Cara!«

Cara winkt dem Christkind nach, bis es in der Dunkelheit verschwunden ist.

Weihnachten bekommt Cara einen Lederfußball und ein riesiges Paket mit weiteren Zutaten für ihren Experimentierkasten. Papa bekommt ein Buch mit vielen verschiedenen Strickmustern.

»Sieh mal, da ist noch ein Paket«, sagt er und zeigt auf einen Karton mit Luftlöchern.

Liebe Cara!
Die Riesenschildkröte war leider zu schwer, um sie zu transportieren.
Aber die beiden kleinen Schildkröten werden sicher bald größer,
denn sie futtern ordentlich Salat.
Frohe Weihnachten!
Dein Christkind

Verbrannte Plätzchen

Jule, der Küchenwecker hat geklingelt.« Jule schreckt hoch, als Mama ihr auf die Schulter tippt. »Oh, nein! Ich hab die Plätzchen vergessen.« Sie wirft ihr Comicheft weg, rast in die Küche und öffnet die Herdklappe. »Alle schwarz! So ein Mist!«

Jules Katze Babette schnuppert an den verbrannten Keksen. Miau! Mit gesträubtem Fell flüchtet sie durch die Katzenklappe nach draußen. Jule seufzt. »Dann eben noch mal.« Sie holt die Zutaten wieder aus dem Schrank. »Jetzt sind das Mehl und die Eier alle«, stöhnt sie. »Die Butter reicht auch nicht. Und bunte Streusel fehlen.« Sie sieht zur Uhr. Der Supermarkt schließt in wenigen Minuten. Was nun? Jule hat doch allen selbst gebackene Plätzchen für den zweiten Advent versprochen.

Sie macht eine Liste der Dinge, die sie noch braucht: Eier. Mehl. Streusel. Butter. Ganz schön viel.

Jule schlüpft in ihren Anorak und die Winterstiefel, dann stapft sie zu den Nachbarn. Das Haus nebenan ist dunkel. Niemand macht auf, als sie klingelt.

Sie probiert es ein Haus weiter.

»Butter habe ich da«, beantwortet die alte Frau Hansen Jules Frage. »Und du brauchst eine winzig kleine Prise Lebkuchengewürz. Hast du das?« Jule schüttelt den Kopf. »Ts, ts, ts«, macht Frau Hansen. »Weihnachtsplätzchen ohne Lebkuchengewürz. Das geht nicht!« Sie holt eine Packung Butter und ein Päckchen Lebkuchengewürz aus der Küche.

Jule bedankt sich und schlägt den Pfad zum Kanal ein. Dort lebt Ole auf einem Flussboot. »Mehl?« Nachdenklich kratzt Ole sich am Kopf. »Vollkornmehl hab ich da, sogar ein ganzes Kilo. Aber du musst unbedingt Zimt in die Plätzchen tun. Hier!«

Jule klemmt sich die Butter und das Lebkuchengewürz unter den einen Arm und das Mehl und Oles Zimtdose unter den anderen. Dann balanciert sie vorsichtig über den Steg zurück ans Ufer.

Auf der anderen Seite des Kanals steht der Bauernhof von Mia und Tim. »Du möchtest Eier?« Mia lacht. »Die haben wir im Überfluss. Wie viele brauchst du? Dreißig? Fünfzig?«

»Zehn reichen schon«, sagt Jule.

»Jule, warte«, ruft Tim, als Jule mit dem Eierkarton vor dem Bauch verschwinden will. »Hast du daran gedacht, dass Schokolinsen in den Keksteig gehören? Unbedingt!« Er stopft eine Tüte Schokolinsen in Jules Anoraktasche. Jetzt braucht Jule nur noch bunte Streusel.

Am Ende von Jules Straße lebt Johanna. In ihrem Holzhäuschen gibt es kaum Möbel, dafür aber viele Bilder. Jule hat Zeit, einige von ihnen anzuschauen, denn Johanna wühlt eine Weile im Küchenschrank und murmelt aus dem Schrankinneren: »Nichts ist lustiger als knallbunte Kekse. Hier sind Streusel und meine Lebensmittelfarben.«

Schwer bepackt wankt Jule nach Hause. Sie schnappt sich die große Rührschüssel und fängt an zu backen. Als die Plätzchen im Ofen sind, bleibt Jule direkt vor dem Ofenfenster sitzen. Jetzt kann nichts mehr schiefgehen.

Am nächsten Tag kommen die Nachbarn zum Adventstee.

»Möchtet ihr Kekse?«, fragt Jule.

»Jaaa«, rufen alle begeistert.

Jule zieht das Tuch von der Schale mit den Keksen.

Alle rufen »Ah!« und »Oh!« und bestaunen die knallbunten Plätzchen. Auch Babette springt auf den Tisch, um besser sehen zu können.

»Da sind ja Schokolinsen drin.« Vorsichtig beißt Frau Hansen in ihren Keks. »Lecker!«

»Und ein Hauch Lebkuchengewürz. Wunderbar!«, freut sich Ole.

»Zimt ist auch drin!«, meint Johanna und greift gleich noch einmal zu.

»Wie hast du nur diese tollen Plätzchen hinbekommen?«, wollen Mia und Tim wissen.

Jule lacht. »Geheimrezept!«

7. Februar

Liebes Tagebuch!
Gegenwärtig bin ich auf dem Weg zum Flughafen. Den Rentieren reicht es! Sie haben beschlossen, dass ich Urlaub brauche. Richtige Ferien. Gleich werden sie mich in ein Flugzeug setzen. Wohin es geht? Das wüsste ich auch zu gern! Als ich Karacho fragte, ob es zu den Weihnachtsinseln geht, hat er nur geschnaubt und »Keine Arbeit!« gebrummt. Na, ich hab nicht weiter nachgefragt — und bin gespannt. Vielleicht Skifahren in Norwegen?
Gez. DER WEIHNACHTSMANN

7. Februar, abends

Liebes Tagebuch!
Nur ganz kurz. Es scheint in den Süden zu gehen, denn es wird immer heißer. Musste eben schon den Mantel ausziehen. Da kommt die Stewardess mit einem Imbiss. Muss Schluss machen.
Gez. DER WEIHNACHTSMANN

Leonie und das Weihnachtswunder

Was ist denn das?«, fragt Leo.

»Was denn?«, fragt Leonie.

»Das meine ich doch!«, ruft Leo. »Eben nichts.«

Leonie schaut verwirrt zu Großvater Maus. »Weißt du, wovon Leo spricht?«

Großvater zwirbelt sich die Schnurrhaare. »Spitz mal die Ohren, Leonie, und sag uns, was du hörst.«

Leonie strengt sich an, doch sie hört … gar nichts. Anders als sonst dringt heute Morgen kein Autolärm in die kleine Kirche, in der sie mit ihrer Familie lebt. Auch kein Hundegebell und keine lachenden Kinder sind zu hören.

»Und jetzt schau nach draußen«, fordert Großvater sie auf.

Leonie huscht zu einem der Kirchenfenster und späht hinaus. Draußen ist alles weiß. »Das ist Schnee«, erklärt Großvater. »Deshalb ist alles so leise. Der Schnee dämpft alle Geräusche.« Er seufzt. »Mit dem Schnee wird es draußen leise, aber drinnen wird es bald lauter werden.«

»Wirklich?«, staunt Leonie. »Aber warum?«

»Man nennt es Weihnachten«, sagt Großvater. »Ihr seid noch jung, dies ist euer erstes Weihnachten.«

»Und was passiert dann?«, fragt Leonie mit großen Augen.

»Lasst euch überraschen«, erwidert Großvater geheimnisvoll. »Aber was auch passiert: Nehmt euch vor der Katze in Acht! Zu Weihnachten schleicht sie oft in der Kirche herum.«

Leonie und Leo schütteln sich. Die Katze! Der wollen sie lieber nicht begegnen. Doch trotz aller Warnungen kann Leonie es nicht erwarten, dieses unbekannte Weihnachten kennenzulernen.

Schon am nächsten Tag wird es tatsächlich laut in der Kirche.

Zunächst wird alles geputzt. Neugierig sieht Leonie zu, wie die Menschen dicke Kissen auf den alten Holzbänken verteilen. Vorsichtig probiert sie eines der Kissen aus. Sehr gemütlich, findet Leonie, als ihre Pfoten in das weiche Polster sinken. Da geht die Kirchentür erneut auf. Der Pastor und sein Küster schleppen einen riesengroßen Tannenbaum herein und stellen ihn auf. Leonie schnuppert. »Riecht das nicht gut, Leo?« Leo nickt, doch da entdeckt er einen Schatten am Fenster. »Schnell, komm ins Nest, die Katze ist da.«

Lange hält Leonie es im Nest bei Großvater und der übrigen Verwandtschaft nicht aus. Als sie laute, wohlklingende Stimmen hört, steckt sie den Kopf nach draußen.

Menschen singen wunderschöne Lieder. Wieder und wieder werden die Lieder geübt.

Dann kommen Kinder in die Kirche. Leonie staunt: Einige haben plötzlich Flügel bekommen.

In den nächsten Wochen kann sie sich nicht sattsehen. Jeden Tag findet etwas Neues in der Kirche statt. Es duftet nach Wachs und Tannen. Leonie kann es kaum erwarten, bis endlich Weihnachten ist.

Eines Nachmittags schmücken Kinder den Tannenbaum. Neugierig huscht Leonie näher, bis jemand ruft: »Eine Maus!«

Leonie erschrickt und will davonlaufen, doch die Katze kommt ihr entgegen. Mit einem Satz springt Leonie in einen Spalt in der Kanzel. Drinnen ist es dunkel und still. Leonie kann nichts sehen und kaum etwas hören. Jetzt muss ich mich hier verkriechen, ärgert sie sich. Und wenn Weihnachten nun ohne mich stattfindet?

Angestrengt lauscht sie nach draußen. Die Orgel setzt ein. Viele Menschen singen. Vorsichtig lugt Leonie aus ihrem Versteck. Im letzten Moment weicht sie zurück, als die Katze, die die ganze Zeit vor dem Spalt gelauert hat, mit der Tatze nach ihr schlägt.

Leonie kommen die Tränen: So lange hat sie sich auf Weihnachten gefreut und nun verpasst sie es. Ausgerechnet wegen der Katze!

Da hört sie Leo rufen: »Hier bin ich, alte Krallenpfote, komm her, wenn du dich traust.« Die Katze faucht und springt Leo hinterher. Jetzt oder nie! Leonie rast hinüber in ihr Nest. Kurz darauf kommt auch Leo wieder.

»Der Pastor hat die Katze hinausgebracht«, erzählt er außer Atem.

»Worauf warten wir dann noch?«, ruft Leonie und springt auf. »Jetzt sehen wir uns endlich Weihnachten an!«

Leo folgt Leonie nach draußen. Unbemerkt flitzen die beiden zum Weihnachtsbaum. Von hier aus haben sie den besten Blick und zwischen den Zweigen sind sie gut verborgen. Leonie bekommt glänzende Augen, während sie verfolgt, was in der kleinen, alten Kirche geschieht, und wispert: »Weihnachten ist wunderschön.«

12. Februar

Liebes Tagebuch!
Nach der vielen Arbeit in den letzten Wochen erhole ich mich nun prächtig am Strand. Ich lasse mir die Sonne auf den Bauch scheinen, pflücke Kokosnüsse von den Palmen und baue jeden Tag eine Sandburg. Kurz: Das Leben ist großartig! Nur Fred, Leila, Rafael und Karacho fehlen mir. Aber den Rentieren ist es hier einfach zu heiß. Und jemand muss ja auch auf das Haus aufpassen und die Katze füttern.
Gez. DER WEIHNACHTSMANN

18. Februar

Liebes Tagebuch!
Beim Schnorcheln erreichte mich eine schlimme Nachricht von Fred. In der letzten Nacht gab es bei uns zu Hause ein gewaltiges Gewitter. Ausgerechnet in unsere Scheune schlug der Blitz ein. Das morsche Holz ging sofort in Flammen auf. Und mit ihm leider auch der Schlitten, der den Sommer über in der Scheune lagert. Die Rentiere sind untröstlich. Ich muss sofort abreisen.
Gez. DER WEIHNACHTSMANN

Hexen-Weihnachtspunsch

Drei Hexen brauen hier am Feuer
den Weihnachtspunsch für ihre Feier.

Die erste schleppt den Kessel an,
in dem der Punsch dann kochen kann.

Die zweite schüttet Saft hinein
plus einen Spritzer Himbeerwein.

Die dritte sucht die Früchte aus,
denn Feigen komm'n ihr nicht ins Haus.

Da klopft es draußen an der Tür.
Wer mag das sein? Ein Wintertier?

Roter Stoff blitzt hell am Fenster.
Sehn die Hexen jetzt Gespenster?

Sie laufen, stürmen in den Sturm,
knall'n mit Karacho in 'nen Turm.

Ein Turm Pakete, groß und klein.
»Für unsre Freunde! Oh, wie fein!«

Die Hexen schieben und ziehn
alle Päckchen zum Kamin.

Punschwohlgeruch strömt aus dem Haus
weit in die dunkle Nacht hinaus.

Ihm folgt 'ne ganze Gästeschar,
die Hexen finden's wunderbar.

Aber ach, wie wär es doch schön,
auch den Schenker mal zu sehn.

Da knallt und blitzt es auf dem Fest,
was einige erzittern lässt.

Aufs Hexenfest mischt sich ein Gast,
dem Rot und Weiß besonders passt.

Fröhlich tanzt er um die Tann'.
Es ist – hurra! – der Weihnachtsmann.

Das Weihnachtsinterview

Guten Abend, liebe Zuhörerinnen und Zuhörer! Heute begrüßt Sie wieder Ihr Johnny Flocki zu unserer beliebten Radiosendung ›Auf den Pelz gerückt‹. Diese Woche haben wir einen ganz besonderen Gast im Studio, passend zur kalten Jahreszeit: das Rentier Georg. GUTEN ABEND, GEORG!«

Gast: »Guten Abend.«

Reporter: »Georg, Sie sind kein gewöhnliches Rentier. Bitte erzählen Sie unseren Zuhörern da draußen, was Sie so besonders macht.«

Gast: »Ähm … besonders?«

Reporter: »Georg, vielleicht darf ich unseren Zuhörern … hahaha … AUF DIE SPRÜNGE helfen. Denn mein guter Freund Georg hier trägt in seinem Geweih lauter Glöckchen. Georg, bitte bewegen Sie den Kopf ein wenig, damit wir das Klingeln alle hören. Ja, danke schön! Außerdem ist über Georgs Rücken eine wunderschön, rote Decke ausgebreitet. Sicher ahnen die meisten von Ihnen bereits, wer unser Studiogast ist. Georg, bitte lüften Sie das Geheimnis!«

Gast: »Ähm … Geheimnis?«

Reporter: »Ha ha ha! Sie machen es wirklich spannend! Nun, sicher darf ich verraten, dass Georg der Begleiter eines ganz besonderen …«

Geräusch: KNURPS. KNURPS.

Reporter: »Hoppla, Georg, da haben Sie aus Versehen in die Tannenzweige an der Wand gebissen. Warten Sie, ich ziehe mal eben den Zweig aus Ihrem …«

Geräusch: RATSCH.

Reporter: »Wo war ich stehen geblieben? Äh … Ach ja! Also, unser Freund Georg hier mit dem beeindruckenden Geweih, den goldenen Glöckchen, der roten Wolldecke und dem …«

Geräusch: KNURPS. KNURPS. KNURPS.

Reporter: »… und dem MÄCHTIGEN Appetit. NEIN, Georg, der Adventskranz ist nicht zum Verzehr gedacht … Also, verraten Sie uns: Wer ist die Person, die Sie in diesen Tagen begleiten? Die Person, die ohne Sie – ich darf das doch so formulieren – völlig aufgeschmissen wäre? Verraten Sie uns jetzt, was Sie und diese Person so besonders … ähm … wo war ich stehen geblieben? So besonders … besonders … «

Geräusch: KNURPS. POLTER. KNURPS.

Reporter: »Um Himmels willen! Nicht die Weihnachtssterne! Auch nicht die Tischdecke … GEORG, verlassen Sie sich drauf: Dafür bekommt der liebe Weihnachtsmann eine saftige Rechnung! Und nun müssen wir uns leider verabschieden. Schalten Sie auch in der nächsten Woche wieder ein, wenn es heißt: ›Auf den Pelz gerückt‹. Bleiben Sie cool – Ihr Johnny Flocki!«

Ritter Rasmus und das Schneefräulein

In diesem Jahr setzte der Winter ungewöhnlich früh ein. Kurz zuvor war Ritter Rasmus noch mit dem König und seinem Gefolge Laternen schwenkend um die Burg gezogen. Nur wenige Tage nach dem großen Laternenfest im Herbst begann es zu schneien. Unaufhörlich rieselten feine Flocken vom Himmel und hüllten die Burg des Königs nach und nach in einen dicken weißen Pelz.

Ritter Rasmus war begeistert. Denn er war nicht nur ein tapferer Ritter, sondern auch und vor allem ein geschickter Akrobat und Jongleur.

Auf dem verschneiten Hofpflaster konnte er bestens Handstand üben. Es machte gar nichts, wenn er dabei das Gleichgewicht verlor. Er fiel ja in den weichen Schnee. Eifrig schlug Ritter Rasmus Räder und Purzelbäume und jonglierte mit Bällen, bis seine Finger vor Kälte ganz starr waren. Dann lief er zu seinem Pony Hubertus in den königlichen Stall und wärmte sich wieder auf.

In den ersten Tagen gab es immerzu Schneeballschlachten und Schlittenfahrten und Eistanz auf dem zugefrorenen See, an dem die Königsburg lag. Anschließend begaben sich alle nach drinnen, um sich mit heißem Punsch und duftenden Bratäpfeln zu stärken.

Tag für Tag schneite es. Bald reichte der Schnee bis zu den Fenstern der Kemenate im ersten Stock. Es war fast unmöglich, auch nur den Hofplatz zu überqueren. Die Landschaft ringsherum war tief verschneit.

»Keine Sorge, Leute«, beruhigte der König seine Familie und alle anderen, die auf der Burg lebten. »Wir machen es einfach wie die Eichhörnchen im Wald und halten Winterschlaf.«

»Eichhörnchen schlafen den Winter doch nicht durch«, wandte der Hofnarr ein, der zugleich der gelehrteste Burgbewohner war. »Eichhörnchen ruhen nur und fressen zwischendurch von ihren Vorräten.«

»Das ist gut«, entgegnete der König. »So machen wir es jetzt auch. Mundschenk, bring uns von dem Wein und etwas vom gebratenen Wildschwein. Rasmus! Zeige uns einige deiner Tricks.«

Ritter Rasmus verbeugte sich und begann, durch den großen Rittersaal zu turnen. Er schwang sich in die eisernen Kerzenhalter, die von der Decke herabhingen, und ließ Kopf und Arme herunterbaumeln. Dann watschelte er im Krebsgang durch den Saal. In der schweren Ritterrüstung war das gar nicht so einfach. Zum Schluss jonglierte er mit sieben Bällen gleichzeitig. Die Zuschauer applaudierten.

Von nun an blieben die Bewohner der Burg meist drinnen und sahen zu, wie es weiterhin schneite. Der König saß auf dem Thron und bohrte in der Nase, die Königin stickte feine Tischdeckchen, die Prinzessinnen und Prinzen spielten »Ritter, ärgere dich nicht«, der Mundschenk probierte alle Weine aus dem Keller und die Ritter strickten Pudelmützen für ihre Helme.

Ritter Rasmus übte Jonglieren und turnte durch den Saal. Doch das wurde mit der Zeit langweilig. Er sehnte sich nach einem Ausritt und danach, sich den frischen, eisigen Wind ins Gesicht wehen zu lassen.

Die anderen Ritter hatten keine Lust mitzukommen. »Viel zu kalt«, rief Ritter Hasenfuß und schüttelte sich bei dem Gedanken, auch nur einen Zeh vor die Tür setzen zu müssen.

Ritter Rasmus holte tief Luft. Dabei stieg ihm der Gestank von Käsefüßen in die Nase. Er verzog das Gesicht. Eindeutig! In der ganzen Burg roch es nach Mief und Muff und Langeweile. »Dann ziehe ich eben alleine los«, sagte er und wickelte sich den dicken Schal um den Hals, den die erste Hofdame Lailalore soeben fertig gestrickt hatte.

Ritter Rasmus stapfte durch den Schnee zum Stall. Dort sattelte er Hubertus, der ihn wiehernd begrüßte.

Eine Viertelstunde später hatten sich die beiden endlich einen Tunnel bis zur Zugbrücke gegraben. Der Ritter, der Wache hielt, öffnete die Tür des Torhäuschens einen winzigen Spalt weit. »Das könnt ihr vergessen«, sagte er, als Ritter Rasmus ihn bat, das Tor hochzuziehen, damit er über die Brücke reiten konnte. »Die Ketten sind vereist. Seit Tagen kann sie niemand mehr bewegen.«

Ritter Rasmus war enttäuscht. War sein Ausflug etwa schon zu Ende? Er sah durch die Gitterstäbe der Zugbrücke. Der Schnee glitzerte verlockend in der Sonne. Ein Rabe krächzte über ihm und der Winterhimmel war leuchtend blau.

Ritter Rasmus zerbrach sich den Kopf. Wie kam er nur nach draußen? Da huschte eine Maus an der Burgmauer entlang. »Genau, der Geheimgang«, erinnerte sich der Ritter. »Komm, Hubertus.« Rasmus zog sein Pony mit sich.

Neben der Burgküche gab es eine schmale Tür. Sie war gerade so breit, dass Hubertus sich hindurchzwängen konnte. Hintereinander stiegen sie die Treppe hinab. Hubertus schnaubte ängstlich. Hier unten im Keller der Burg gefiel es ihm gar nicht. »Gleich hast du es geschafft, alter Freund«, tröstete ihn Rasmus. »Der Gang führt unter der Burgmauer hindurch bis zum Seeufer. Ich habe ihn zufällig letzten Sommer entdeckt.«

Rasmus und Hubertus liefen den düsteren Gang entlang. Die Fackel, die Rasmus in der Küche mitgenommen hatte, flackerte. Lange Schatten zitterten an den Steinwänden. Plötzlich gabelte sich der Weg. Ritter Rasmus blieb stehen. Daran konnte er sich gar nicht erinnern. Welchen Weg sollte er nun einschlagen? Zögernd entschied er sich für den linken, doch bald endete der in einer Sackgasse.

»Dann nehmen wir den anderen«, entschied Rasmus. Hubertus wieherte zustimmend.

Sie kehrten um und erreichten nach einer Weile tatsächlich das Seeufer. Inzwischen war Rasmus bitterkalt.

Beim Reiten wird mir schon wieder warm werden, dachte er. Doch der Wind pfiff ihm um die Ohren. Hubertus musste sich anstrengen, um durch die Schneemassen zu kommen.

»Das ist der langsamste und kälteste Ausritt meines Lebens«, murmelte Rasmus und wischte sich einen winzigen Eiszapfen von der Nasenspitze. Er überlegte, wieder umzudrehen und sich in der stickigen Burg aufzuwärmen, da knackten Zweige ganz in der Nähe.

Hubertus wieherte. Sofort gab ein anderes Pferd Antwort.

»Wo kommst du denn her?«, fragte Rasmus neugierig, als ihm ein Pony mit hängenden Zügeln entgegenkam.

Das Pony sah ihn aufmerksam an. Ritter Rasmus schaute in die Richtung, aus der es gekommen war. In diesem Moment hörte er ein Jammern. Energisch drängte er Hubertus voran. Das fremde Pony folgte ihnen.

Nicht weit entfernt wuchs ein dichtes Dornengestrüpp. Mittendrin entdeckte Ritter Rasmus eine kleine Gestalt in einer Ritterrüstung.

»Endlich! Hilfe!«, rief die Gestalt. »Gestatten, mein Name ist Rosamunde. Mein Pferd hat mich abgeworfen. Und jetzt kann ich mich nicht mehr allein aus den Sträuchern befreien. Hilfst du mir bitte?«

Ritter Rasmus staunte. »Ich bin noch nie einer echten Ritterin begegnet«, bemerkte er. »Wir können uns gern näher bekannt machen«, schnaufte Rosamunde, »aber zuerst muss ich hier raus.«

Da besann sich Ritter Rasmus auf seine Manieren und versuchte, die dornigen Zweige zur Seite zu schieben. Doch die Dornen zerstachen trotz dicker Fäustlinge seine Hände und das Gestrüpp schloss sich nur weiter um die Ritterin. »Autsch!«, jaulte Rosamunde auf. »So geht das nicht. Kannst du dir nicht etwas anderes einfallen lassen? Mir ist furchtbar kalt und hungrig bin ich auch.«

Ritter Rasmus überlegte. Wie konnte er die Ritterin befreien?

Als Nächstes versuchte er, mit seinem Schwert einen Weg durch die Büsche zu schlagen. Doch mit dem Schwert war er noch nie besonders geschickt gewesen und schon nach wenigen Augenblicken schrie Rosamunde: »Nein, nein, wenn du nicht aufpasst, schneidest du mir noch ein Ohr ab. Fällt dir nichts anderes ein? Was kannst du denn besonders gut?«

Ratlos grübelte der Ritter, wie er Rosamunde helfen konnte. Da stupste Hubertus ihn an und schnaubte. »Richtig!«, fiel Rasmus strahlend ein. »Das hätte ich fast vergessen! Ich bin nicht nur Ritter, sondern auch ein Akrobat.«

Er kletterte auf Hubertus' Rücken und von dort aus auf einen nahe gelegenen Baum, dessen starke Äste weit über das Gestrüpp reichten. Rasmus baumelte mit dem Oberkörper nach unten und packte Rosamunde unter den Armen.

»Hau ruck!«, rief er und zog die Ritterin aus den Dornen.

»Danke schön!« Rosamunde strahlte und stieg wieder auf ihr Pony.

»Komm doch mit zur Burg«, lud Rasmus die Ritterin ein. »Es ist nicht weit.«

Das ließ sich Rosamunde nicht zweimal sagen. Sie begleitete Rasmus durch die Schneeberge und den geheimen Kellergang in die Burg des Königs. Dort freuten sich alle, ihn nach dem Ausritt wohlbehalten und in netter Gesellschaft wiederzusehen.

»Ein guter Platz zum Überwintern«, fand Rosamunde, nachdem sie sich ein wenig umgesehen hatte. Rasmus nickte. »Soll ich dir jonglieren beibringen?«, fragte er schüchtern.

»Gern«, sagte Rosamunde und zog ein Kartenspiel hervor. »Dann verrate ich dir dafür meine kniffligsten Kartentricks.«

Und so verging der übrige Winter wie im Flug.

27. Februar

Liebes Tagebuch!
Es muss schnellstens ein neuer Schlitten her. Rafael, Leila und ich
haben beim Tischler unten im Dorf angefragt. Doch der hat keine Zeit:
Erst muss er eine Hochzeitskutsche fertig bauen, anschließend die
Wagen für das jährliche Seifenkistenrennen. Und dann ist schon
Herbst. Der neue Schlitten würde also niemals rechtzeitig bis
Weihnachten fertig. So ein Pech!
Gez. DER WEIHNACHTSMANN

13. März

Liebes Tagebuch!
Entschuldige die krakelige Schrift. Meine beiden Hände stecken in
dicken Verbänden. Ich hatte nämlich einen Unfall. Und das kam so: Auf
dem Dachboden haben wir Baumaterial gefunden. Also beschlossen
Rafael, Fred, Leila und ich, uns selbst einen Schlitten zu bauen. Nur
Karacho nicht, denn der hat beim Werkeln immer zwei linke Hufe.
Leider hat das mit dem Schlittenbauen nicht so gut geklappt. Als wir
mit dem Schlitten eine erste Runde um den Hof drehen wollten, brach
er in der Mitte auseinander. Jetzt hat Leila eine Beule und Fred
fehlt ein Stück Geweih. Ich bin in der Regentonne gelandet und habe
mir ordentlich die Hände angestoßen ...
Gez. DER WEIHNACHTSMANN

Auf dem Weihnachtsmarkt

Die Kinder von Bauer Hansen und ihre Freunde brauchen etwas Weihnachtsgeld! Darum musizieren sie auf dem Weihnachtsmarkt und verkaufen dort Geschenke. **Wo steckt ihr kleiner schwarzer Hund Limo?**

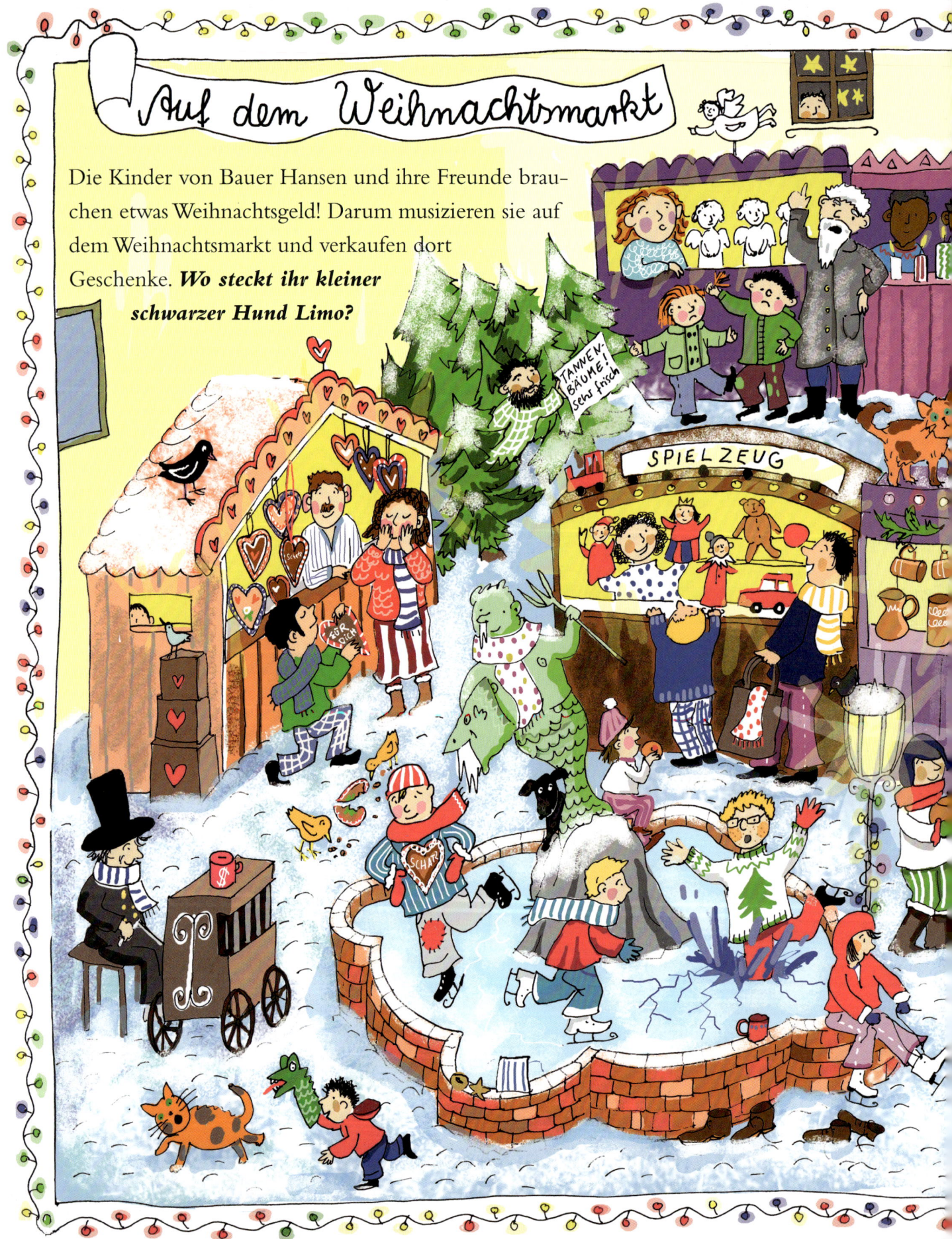

Ein Geschenk für Rufus

Es klopft. Seufzend legt Rufus die Zeitung beiseite, schluckt den allerletzten Zipfel seiner heiß geliebten Weihnachtswurst hinunter und schlurft zur Tür.

48

Den ganzen Vormittag war er auf den Beinen, denn im Winter haben die Waldkobolde jeden Morgen eine Menge zu tun: Vogelhäuschen müssen aufgestellt, Schneeberge geschippt und Heuhaufen überall auf den Lichtungen verteilt werden. Jetzt ist Rufus froh, dass er sich über Mittag in seiner Höhle ausruhen kann.

Wieder klopft es, diesmal schon lauter. »Komme ja!«, brummelt Rufus und reißt die Tür auf. Doch da ist niemand. Rufus zieht die Nase hoch. Einen Schnupfen hat er sich auch noch geholt. So ein Pech!

Da knistert es leise und ein Zettel weht in die Höhle, direkt vor Rufus' Pantoffeln. »Nanu!«, wundert er sich und faltet den Zettel auseinander.

»HINTER DEM
TANNENBAUM IST EIN
GESCHENK FÜR DICH
VERSTECKT.«

Ein Geschenk? Rufus
überlegt nicht lange. Er schlüpft in
seinen Wintermantel und die schweren Stiefel. Neugierig läuft
er hinaus auf den Waldweg.

Und jetzt?

Verwirrt bleibt Rufus stehen. Um ihn herum stehen doch lauter Bäume:
kleine Tannenbäume, große Tannenbäume. Tannenbäume mit dürren
Zweigen und Tannenbäume mit weit ausladenden Armen. Welcher Tannenbaum ist gemeint?

Rufus schließt die Augen, dreht sich dreimal um sich selbst und streckt
einen Arm aus. Als er die Augen wieder öffnet, zeigt sein Arm zu einem
Hügel. Rufus macht sich auf den Weg, doch hinter keinem der Tannenbäume auf der Anhöhe liegt ein Geschenk.

Im Zickzack läuft Rufus quer durch den Wald – ohne Erfolg. »Habt ihr
vielleicht einen Tannenbaum mit einem Geschenk für mich gesehen?«, fragt
er zwei Eichhörnchen, die auf einem Ast sitzen und sich gegenseitig das Fell
lausen.

»Dort!«, antwortet das kleinere von beiden.

»Nein, es war in dieser Richtung!«, widerspricht das andere.

Sofort bricht ein wilder Streit aus.

»Danke für eure Hilfe«, sagt Rufus höflich und verabschiedet sich.

Er läuft weiter. Am Waldrand entdeckt er Spuren, groß und tief in den

Schnee gedrückt. Vielleicht führen sie ihn zu seinem Geschenk? Doch am Bach verliert Rufus die Spur aus den Augen. Er schaut zum Himmel. Es dämmert und so macht er sich leise schimpfend auf den Heimweg.

»Warum bin ich überhaupt losgegangen?«, brummt Rufus. »Ein Geschenk hinter dem Tannenbaum … Bestimmt hat mir einer der anderen Kobolde einen Streich gespielt.«

Ein Rauschen über seinem Kopf durchbricht die Stille des Abends. »Guten Abend, Rufus«, schuhut die Eule Thea und lässt sich vor Rufus auf einem Baumstumpf nieder. »Du bist aber spät unterwegs!«

Rufus berichtet seiner Freundin von seiner missglückten Suche nach dem Geschenk.

»Bis zu deiner Höhle ist es weit«, sagt Thea. »Steig auf meinen Rücken, ich bringe dich nach Hause.«

Dankbar nimmt Rufus das Angebot an. Als sie über die Tannenspitzen hinweggleiten, geht der Mond auf. Der Schnee glitzert weiß zwischen den Bäumen. Und über Rufus strahlen die Sterne ebenso hell. Es ist wunderschön!

Rufus blinzelt. Unten auf dem Boden glitzert noch etwas. Aber nicht weiß, sondern rot.

»Warte, Thea!«, ruft Rufus. »Da vorn, bei dem kleinen Tannenbaum – siehst du das auch?«

Thea landet direkt vor dem Baum, auf den Rufus gezeigt hat.

Aufgeregt stolpert Rufus durch den tiefen Schnee. »Es ist wirklich ein Geschenk«, ruft er und öffnet mit zitternden Fingern das Paket.

»Und was ist drin?«, fragt Thea neugierig.

»Unser Nachtmahl«, verrät Rufus. Gemeinsam machen sie sich auf den Weg zu seiner Höhle.

An diesem Abend gibt es ein Festessen in Rufus' Höhle: Weihnachtswurst mit Freunden. Denn kaum zieht der Duft der frischen Weihnachtswurst zwischen den Tannenbäumen hindurch, da klopfen auch die beiden Eichhörnchen an Rufus' Tür und alle Kobolde aus der Nachbarschaft.

Zusammen verbringen sie einen fröhlichen Abend.

Die Prinzessin auf dem Eis

Ein Brief von Omama«, sagte Königin Camilla und reichte ihrer Tochter ein violettes, nach Lavendel duftendes Bündel Papier.

»Hurra!«, jubelte Prinzessin Elsa, legte ihr Marmeladenhörnchen auf den Teller und faltete begierig den Brief auseinander. »Bestimmt schreibt sie, wann sie mich abholen kommt. Ich kann es kaum erwarten!«

Prinzessin Elsa verbrachte jedes Jahr die Winterferien bei ihrer Oma, der Königinmutter. Sie liebte ihre Oma. Und sie liebte es, auf Omas großem See Schlittschuh zu fahren. Elsa sah sich schon auf dem zugefrorenen Wasser elegante Runden drehen. Hoffentlich klappte es dieses Jahr endlich mit der doppelten Pirouette! Seit Wochen standen ihre Schlittschuhe gewienert und geschliffen neben ihrem Himmelbett.

Eilig überflog Prinzessin Elsa den Brief ihrer Oma. Doch je länger sie las, umso stiller wurde sie.

»Was ist denn los?«, fragte König Balthasar.

Enttäuscht pfefferte Elsa den Brief in die Ecke. »Oma kommt dieses Jahr nicht!«, heulte sie. »Sie will mit ihrer besten Freundin, Herzogin Brunhilde, auf einem Schiff in die Südsee fahren. Ich soll sie in den Osterferien besuchen. Ausnahmsweise! Aber im Frühling ist das Eis doch längst getaut!« Schluchzend vergrub sie das Gesicht in Theophils flauschigem Fell.

Die nächsten Tage blieb Prinzessin Elsa einfach in ihrem Himmelbett. Die Vorhänge fest zugezogen, weigerte sie sich aufzustehen.

Doch nach einer Woche wurde es Elsa zu langweilig. »Wenn ich nicht bei Omama Schlittschuh fahren kann, dann suche ich mir eben einen anderen Ort dafür«, beschloss sie.

Inzwischen war es draußen kalt geworden. Winzige Schneeflocken rieselten vom Himmel. Prinzessin Elsa schlüpfte in ihren Mantel und warf sich die Schlittschuhe über die Schulter. Sie trabte die Schlosstreppe hinunter und lief durch den königlichen Garten.

»Hinter den Obstbäumen ist doch ein Teich«, fiel ihr ein. Vielleicht war der schon zugefroren?

Sie hatte Glück: Eine Eisschicht bedeckte den Teich. Doch leider war der Teich eher ein Tümpel. »Was soll's, ich probiere es trotzdem«, verkündete Elsa laut. Theophil klopfte zustimmend mit dem Schwanz auf den Boden, dass der Schnee nur so umherwirbelte.

Prinzessin Elsa hockte sich auf einen Baumstumpf und zog die Schlittschuhe an. Vorsichtig stakste sie auf die winzige vereiste Fläche.

Dort war kaum genug Platz, um zwei Schritte zu gleiten. Aber wenigstens die Pirouette wollte sie üben! Elsa holte Schwung und drehte sich im Kreis. Einmal um die eigene Achse. Sie drehte und drehte sich. Doch die Eisfläche war holprig und uneben. Plötzlich blieb eine der Kufen an einem

Stein hängen. Elsa flog im hohen Bogen vom Eis, mitten ins Schilf.

»So ein Mist!«, wetterte Elsa und stapfte zurück ins Schloss. Auf dem Weg in ihr Zimmer kam sie am Thronsaal vorbei.

Der glitzernde Marmorfußboden war blank geputzt und leer. So viel Platz! Elsa sah sich nach allen Seiten um. Niemand war in der Nähe. Außer Theophil, aber der petzte nie.

Elsa stieg wieder in ihre Schlittschuhe, stellte sich an das eine Ende des Saals und nahm Anlauf. Schwungvoll sauste sie durch den Thronsaal. Mit schrecklichem Quietschen zerschnitten die Kufen den kostbaren Boden.

»Was ist denn das für ein Lärm?«, brüllte der König aus seiner Amtsstube.

»Oh, oh«, keuchte Prinzessin Elsa, als sie die Bescherung sah. Der ganze Fußboden war zerschnitten. Jetzt aber nichts wie weg!

Atemlos kam Elsa in ihrem Zimmer an. »Verflixter Prinzenpups!«, schimpfte sie und stürzte ein Glas Wasser herunter.

Im Zimmer war es warm und stickig. Elsa öffnete das Fenster und sah hinaus. Unter ihr lag der Schlosshof. Prinzessin Elsa griff nach der Wasserkaraffe, um sich nachzuschenken. Dabei glitt ihr die Karaffe aus der Hand und fiel im hohen Bogen aus dem Fenster. Blitzschnell und mit leisem Knistern gefror das Wasser auf dem eiskalten Boden.

»Genial«, sagte Prinzessin Elsa und schüttete noch etwas Wasser nach, das ebenso schnell gefror. »Genial!«

Jetzt hatte sie die Lösung gefunden. Endlich!

So schnell sie konnte, rannte sie nach unten in den Pferdestall, in dem auch die Wasserfässer für die königlichen Pferde aufbewahrt wurden.

Prinzessin Elsa krempelte die Ärmel hoch und rollte zwei Fässer nach draußen. Sie kippte das Wasser aus, das im Nu zu einer riesigen Eisfläche gefror. Elsa zog die Schlittschuhe an und fuhr einige Runden über den Hof. »Es klappt!«, brüllte sie so laut, dass ihre Stimme von den Wänden hallte und ihre Eltern verwundert aus den Fenstern schauten.

Runde um Runde sauste Prinzessin Elsa über den Schlosshof. Hier hatte sie sogar noch mehr Platz als auf dem See von Omama! »Jetzt habe ich meinen eigenen Eissee«, dachte sie glücklich und freute sich nun endlich auch auf die nächsten Ferien bei ihrer Goßmutter.

Wo schläfst du, lieber Bär?

Zoe und der Engel im Zug

Soll ich dir die Tasche nicht abnehmen?«, fragt Papa.

Zoe schüttelt den Kopf. »Das schaffe ich allein.« Entschlossen schultert sie die große, blau-gelb karierte Stofftasche. Darin ist ein Geschenk für Oma. Zoe hat es selbst gebastelt.

»Und denk dran, Zoe, dass du in einer Stunde wieder aussteigen musst«, ermahnt Mama sie. »Die Bahn hält zwei Mal. Dann kommt schon deine Station.«

Zoe nickt. Das haben sie doch längst besprochen.

»Oma wartet auf dem Bahnsteig auf dich«, sagt Papa.

Zoe nickt wieder und verdreht die Augen. Das weiß sie auch.

»Pass gut auf dich auf«, sagen Mama und Papa gleichzeitig.

»Übermorgen sehen wir uns schon wieder«, tröstet Zoe die beiden und bleibt vor der offenen Zugtür stehen.

Papa schluckt. Mama wischt sich unauffällig über die Augen. »Genau. Zwei Mal schlafen und dann sind wir bei dir«, erwidert sie. »Und denk dran, dass du uns gleich anrufst, wenn du da bist.«

»Natürlich«, versichert Zoe ihr. Sie stellt die Tasche auf den Boden und setzt den Rucksack ab. Der ist ganz schön schwer. Papa wirbelt Zoe über den Bahnsteig, dann umarmt Mama sie ganz fest. Jetzt ertönt ein lautes Pfeifen. »Ich

muss einsteigen«, ruft Zoe und springt die Stufen des Zugs hinauf. Papa reicht ihr den Rucksack. Schon klappen die Türen zu. Zoe presst ihr Gesicht gegen die Scheibe. Langsam setzt sich der Zug in Bewegung. Mama und Papa winken heftig. Mit beiden Armen!

Zoe will eben nach dem Rucksack greifen, um sich einen Platz zu suchen, da bemerkt sie es. Die Stofftasche! Sie steht immer noch neben Mama auf dem Boden. Oh nein! Aufgeregt klopft Zoe gegen die Scheibe. Jetzt begreift Papa, was sie meint. Er schnappt sich die Tasche und läuft los. Doch der Zug wird immer schneller. Fassungslos sieht Zoe zu, wie Mama und Papa und die Stofftasche winzig klein werden. Was soll sie bloß tun? Die Notbremse ziehen? Das darf man nur in wirklichen Notfällen. Und ein vergessenes Geschenk gehört sicher nicht dazu …

Tränen laufen Zoe über das Gesicht. Jetzt hat sie kein Geschenk für Oma. Und dabei hat sie sich solche Mühe beim Basteln gegeben! Traurig wendet sie sich um – und erschrickt. Hinter ihr steht ein Mädchen. Das hat sie gar nicht bemerkt.

»Hallo«, sagt das Mädchen und lächelt freundlich. »Ich bin Tine.«

»Zoe«, meint Zoe und zieht laut die Nase hoch.

»Hier«, sagt Tine und reicht Zoe ein Taschentuch. »Warum weinst du denn?«

Während Zoe sich die Nase schnäuzt, erzählt sie, was passiert ist.

»Heute ist dein Glückstag«, meint Tine und lächelt schon wieder so verschmitzt. »Komm mit!« Sie führt Zoe in ein Abteil. Dort steht ein großer Koffer. Tine öffnet den Koffer und winkt Zoe näher heran. »Such dir eins aus«, sagt sie großzügig. »Ich hab ganz viele davon.«

Neugierig schaut Zoe in den Koffer. Bunte Augenpaare schauen zurück.

Blaue, grüne, lilafarbene und sogar orange. Die Augen kleben auf Stofftieren, die alle eine rote Schleife um den Hals gebunden haben. »Die hab ich selbst genäht«, sagt Tine stolz. »Alle zum Verschenken.«

»So viele Leute kennst du?«, staunt Zoe.

»Nein«, antwortet Tine grinsend. »Ich habe viel mehr Tiere genäht, als ich brauche. Los, such eins für deine Oma aus. Und für dich auch.«

Zoe muss nicht lange überlegen: Oma bekommt den blau-weiß gestreiften Elefanten. Und sie selbst den Löwen mit der roten Wollmähne.

Im Nu ist die Zugfahrt vorüber und Zoe muss aussteigen.

»Melde dich mal und erzähl mir, ob deine Oma den Elefanten mag«, bittet Tine sie zum Abschied und drückt Zoe einen Zettel mit ihrer Telefonnummer in die Hand.

»Mach ich«, verspricht Zoe und springt mit Rucksack, Elefant und Löwe auf den Bahnsteig. Oma wartet schon auf sie.

»Da war ein Engel im Zug«, strahlt Zoe, umarmt Oma und drückt ihr den Elefanten in die Arme.

61

Unter Trollen

Langsam verschwand die Sonne hinter den Hügeln. Kjell stapfte durch den Schnee heim zum Stall. Schon wieder kam er als Letzter an.

Als er nach Hause kam, stand die Stalltür weit offen und seine fünf Freunde waren verschwunden. Kjell schnupperte. Ein ranziger Geruch nach Fett und faulen Eiern verpestete die Luft.

»Trolle!«, knurrte Kjell und schubberte sich das Geweih am Türrahmen. Er musste seine Freunde finden, denn mit den kräftigen Trollen war nicht zu spaßen.

Aufmerksam folgte er den Spuren im Schnee, die hinunter zum Fluss führten. Hier und da hatte sich etwas Trollkleidung in den Zweigen verfangen und so dauerte es nicht lange, bis Kjell die Trolle entdeckt hatte. Hinter den drei stämmigen Gestalten drängten sich die fünf Rentiere ängstlich zusammen.

Kjell lauschte. Die Trolle waren noch jung und wollten unbedingt – ganz, ganz dringend – auf Ponys reiten. Doch die waren im Nordland nicht gerade verbreitet, also hatten die Trolle kurzerhand die Rentiere entführt. Kjell schauderte bei dem Gedanken, dass er als Einziger den schweren Schlitten mit den Geschenken ziehen musste, wenn es ihm nicht gelang, seine Freunde zu befreien.

Ein einsames Blatt trieb auf dem Wasser an ihm vorbei.

Das könnte gehen, dachte Kjell und gab sich einen Ruck. »Hallo Jungs«, sagte er und trat zu den drei überraschten Trollen.

»Noch ein Reittier«, rief einer von ihnen. »Jetzt hat jeder zwei, da müssen wir uns nicht mehr streiten.«

»Nicht so hastig«, meinte Kjell. »Ich weiß etwas, das viel lustiger ist, als auf Rentieren zu reiten.«

»Ach ja?« Neugierig versammelten sich die Trolle um Kjell, der ihnen einige sehr lange und bedeutsame Sätze zuflüsterte.

63

»Auf Wiedersehen«, rief er, als die Trolle gleich darauf jubelnd und singend einen Baumstamm in den Fluss hievten. »Und denkt dran: Wenn ihr uns noch mal im Stall besucht, gibt es keine Weihnachtsgeschenke für euch.«

»Schon gut, das haben wir verstanden«, rief der größte Troll, kletterte mit seinen beiden Brüdern auf den Baumstamm und schoss flussabwärts davon. Die fünf Rentiere bedankten sich bei Kjell. »Ich habe zu danken«, erwiderte er lachend. »Ohne euch hätte ich den Geschenkeschlitten morgen alleine ziehen müssen.«

Das Weihnachts-Rentier-Rennen

Einen wunderschönen Winternachmittag, liebe Zuschauer im Stadion und zu Hause vor dem Fernseher, und herzlich willkommen zu unserem beliebten WEIHNACHTS-RENTIER-RENNEN! Ich bin Hobie und werde das Rennen kommentieren.

Die vier kräftigen Kandidaten scharren schon mit den Hufen. Auf den Sieger des Wettrennens wartet ein phänomenal-fantastischer Preis: Das schnellste Rentier darf in diesem Jahr zusammen mit Kollege Udo den Schlitten des Weihnachtsmanns ziehen und die Geschenke verteilen.

Es steht also viel auf dem Spiel!

Zur Jury gehören neben dem Weihnachtsmann und Rentier Udo auch der Wichtel Quentin und die Winterfee Carola.

Die Kandidaten nehmen gerade die Startposition ein. Eindeutiger Favorit ist Kamikaze-Joe. Muskulös und durchtrainiert bis in die letzte Geweihspitze. Kamikaze-Joe trat bereits im letzten Jahr an, schied allerdings wegen ruppigen Verhaltens vorzeitig aus.

Neben ihm trippelt Rentierdame Paola ungeduldig auf der Stelle. Paola hat den ersten Platz im legendären Nordpol-Rennen belegt und die Konkurrenz mit großem Vorsprung abgehängt.

Unser dritter Teilnehmer ist Edward, der Schöne. Ein Bild von einem Rentier! Edward sieht nicht nur gut aus, er ist außerdem amtierender Meister im Eisschollen-Springen.

Und da trabt endlich auch Charlotte an den Start. Ihre Kandidatur war für viele überraschend. Denn Charlotte gehört nicht gerade zu den sportlichsten Rentieren. Außerdem ist sie ziemlich zerstreut. Im vergangenen Sommer kam sie bei der Rentier-Rallye vom Weg ab und wartete drei Tage in einem Brombeergestrüpp auf Rettung.

Oh! Gerade winkt Carola mit ihrem Zauberstab. Nur noch wenige Sekunden, bis das Rennen beginnt … Auf die Plätze, fertig, los! Möge das beste Rentier gewinnen!

Kamikaze-Joe geht sofort in Führung. Edward folgt ihm dicht auf den Fersen. Aber was ist das? Edward bleibt vor einer Wasserlache stehen. Hat er sich verletzt? Nein, NEIN! Nicht zu fassen, der schöne Edward betrachtet sein Spiegelbild in der Wasserpfütze. Das ist DIE Chance für Paola. Sie rast an Edward vorbei. Holt sie Kamikaze-Joe ein? Tatsächlich! Was macht er da? Für die Zuschauer auf den hinteren Plätzen und vor dem Fernseher: Kamikaze-Joe wirft Paola einen Knüppel zwischen die Beine. Foul! Unfair! Das findet auch die Jury! Quentin setzt seine gelb-rote Zipfelmütze auf. Letzte

Verwarnung! Noch so ein Ding und Kamikaze-Joe fliegt aus dem Rennen.

Hat jemand unsere vierte Teilnehmerin gesehen? Ah, Udo zeigt zum Krapfenstand. Da steht Charlotte und stärkt sich mit einem Früchtepunsch. Na gut. Zurück zum Rennen.

Auch Edward ist wieder dabei, gleichauf mit Kamikaze-Joe. Der bekommt rote Augen. Das ist nicht gut. Gar nicht gut. Er senkt sein Geweih und … spektakulär! Mit einem Riesensatz hechtet Edward über Kamikaze-Joe. Er rast hinter Paola her. Kamikaze-Joe versetzt ihm noch einen Stups gegen das Hinterteil. Da! Die Trillerpfeife! Die Jury ist sich einig. Quentin stülpt sich die rote Zipfelmütze über: aus für Kamikaze-Joe. Beleidigt stolziert er vom Feld. Vorbei an Charlotte, die ihre Pfunde über die Rennbahn walzt. Kamikaze-Joe – dieser Fiesling – stellt Charlotte ein Bein. Sie weicht jedoch elegant aus. Achtung, Charlotte, da steht ein leerer Kinderwagen im Weg! Nicht doch … Charlotte plumpst in den Kinderwagen, das Gefährt düst bergab. Mitten in eine Schneewehe.

Inzwischen liefern sich Paola und Edward ein Kopf-an-Kopf-Rennen. Was nun? Eine Zuschauerin richtet ihre Kamera auf Edward. Und Edward lässt sich fotografieren. Ist das zu fassen? Jetzt gibt er auch noch Autogramme, dabei ist das Rennen mitten im Gang. Wieder die Trillerpfeife! Aus für Edward. Carola scheucht ihn mit dem Zauberstab von der Rennbahn.

Inzwischen hat Paola einen gewaltigen Vorsprung. Charlotte hat sich aus dem Schneeberg gearbeitet. Sie nimmt langsam Fahrt auf und holt – kaum zu glauben – tatsächlich Paola ein. Paola bleckt die Zähne. Doch Charlotte lächelt freundlich und hält locker mit. Nicht zu fassen! Anscheinend lagern da Muckis unter der Speckschicht. Das ahnt auch Paola, die plötzlich im

Zickzack läuft und Charlotte den Weg abschneidet. Wie unfair! Und nun, ja, kann das sein?!, stolpert Paola – und landet im Graben abseits der Strecke. Die Trillerpfeife! Aus für Paola. Die letzten Meter legt Charlotte entspannt zurück. Wir gratulieren der diesjährigen Siegerin des WEIHNACHTS-RENTIER-RENNENS: CHARLOTTE!

Und noch eine Bitte an unsere jungen Zuschauer vor dem Fernseher: Liebe Kinder, zu diesem Weihnachtsfest bringt euch ein sehr gemütliches Rentier die Geschenke. Wundert euch also bitte nicht, wenn sie ein kleines bisschen später eintrudeln.«

Ritter Rasmus und die verschwundenen Nikolausstiefel

Im Winter waren die Tage kurz und die Nächte lang. Deshalb strömten bei den ersten Sonnenstrahlen alle Bewohner der Burg nach draußen in den Burghof und freuten sich über das Tageslicht. Übermütig machte Ritter Rasmus zuerst einen Vorwärtssalto, dann einen Rückwärtssalto. Schließlich war er nicht nur ein mutiger Ritter, sondern auch ein begabter Akrobat.

»Ritter Rasmus, willst du nicht für uns jonglieren?«, bat die erste Hofdame Lailalore. »Oh ja, jonglieren, jonglieren!«, stimmten die Prinzessinnen und Prinzen ein.

Ritter Rasmus ließ sich nicht lange bitten. Geschmeichelt holte er seine sieben Jonglierbälle und warf einen nach dem anderen in die Luft.

»Puh, was ist denn das?«, prustete Lailalore und fischte sich einige Holzspäne aus dem Mund. Auch die Königin hatte Späne im Haar. »Rasmus, deine Bälle lösen sich auf«, beschwerte sie sich.

»Das kommt davon, dass sie schon so alt sind«, erwiderte Rasmus und versuchte, die aufgeplatzten Nähte, die das abgenutzte Leder zusammenhielten, wieder zu verknoten.

Er brauchte wirklich neue Jonglierbälle. Ritter Rasmus bückte sich, um die Bälle und ihre Füllungen aufzusammeln, die auf dem Hofplatz verstreut waren. In diesem Moment zwickte ihn etwas in den Po. »Aua!«, brüllte Rasmus und richtete sich rasch auf. Der König, der unbemerkt durch das Burgtor gekommen war, lachte dröhnend. »Ah, mein guter Rasmus«, grölte er und schlug Rasmus auf die Schulter, dass seine Rüstung nur so klirrte. »Mein lieber, guter Akrobatik-Ritter, darf ich vorstellen? Das ist Stanislaus. Ich habe ihn soeben im Wald entdeckt. Sei lieb mit ihm, ja? Er ist noch ganz jung und verspielt.«

Entgeistert starrte Ritter Rasmus erst den König, dann das Wesen am Ende der langen Leine an, die der König zwischen seinen beringten Fingern hielt.

»Ein Ddd…Drache, Majestät?«,

69

brachte Rasmus mühsam hervor. »Ihr habt im Wald einen Ddd…Drachen entdeckt?« Der Drache sah Rasmus aus kleinen roten Augen an und knurrte leise. Rasmus zuckte zusammen, als er sah, wie kleine Sabberfäden von den spitzen Drachenzähnen tropften.

»Stanislaus ist wirklich zart besaitet«, warnte der König ihn. »Wir haben uns auf Anhieb gut verstanden. Ich bin sicher, Stanislaus wird sich auf der Burg bald heimisch fühlen.« Mit diesen Worten zupfte er an der Leine und marschierte mit Stanislaus Richtung Burgküche. »Mein lieber Stanislaus, jetzt wollen wir dir erst einmal ein anständiges Frühstück besorgen«, hörte Rasmus ihn sagen.

»So was«, murmelte Rasmus und rieb sich sein schmerzendes Hinterteil, wo der Drache ihn gezwickt hatte. »Ein echter Drache. Hier auf der Burg. Dazu äußerst bissig. Das kann ja etwas werden.« Rasmus blickte sich nach den Jonglierbällen um. »Wie kann das sein?«, wunderte er sich. »Eben waren sie doch noch alle da.« Er suchte überall auf dem Hof, doch die Bälle blieben verschwunden.

»Dann nehme ich eben etwas anderes zum Jonglieren«, beschloss Rasmus und lief in die Burgküche, wo der Koch und der Mundschenk hitzig stritten.

»Wenn der so weiterfrisst, sind unsere Vorräte nächste Woche aufgebraucht«, beschwerte sich der Koch.

»Sag das lieber nicht so laut«, warnte der Mundschenk ihn. »Du siehst doch, der König hat einen Narren an dem Drachen gefressen. Also sorg dafür, dass du genug zu essen da hast.«

Das war nicht der richtige Moment, um dumme Fragen zu stellen. Rasmus schlich in die Vorratskammer. Nach einigem Suchen entdeckte er ein Fass mit Äpfeln. »Hervorragend«, freute Rasmus sich, »die nehme ich.«

Er zählte sieben Äpfel ab und nahm sie mit in den Hof, um dort weiterzujonglieren, bis die Sonne langsam hinter den Schlossmauern verschwand und es Zeit war, schlafen zu gehen.

Der nächste Tag war ein ganz besonderer. »Morgen ist Nikolaus«, sagte sich Rasmus nach dem Aufwachen. »Wir müssen also nachher unsere Stiefel putzen.« Die Königskatze, die auf seinem Kopfkissen geschlafen hatte, gähnte. »Und heute Abend stellen wir die Stiefel vor die Tür, damit der Nikolaus sie füllen kann«, fuhr Rasmus fort. MIAU! Träge drehte sich die Königskatze um. Ein saftiger Mäusebraten war ihr allemal lieber als ein gefüllter Nikolausstiefel.

Rasmus griff nach seinen Stiefeln und eilte in den Thronsaal. Dort ging es trotz der frühen Stunde geschäftig zu.

Der König wienerte seine goldenen Pantoffeln. Die Königin fuhr mit einem Spitzentüchlein über ihre silbernen Stiefel. Der Schmied schrubbte mit einer harten Bürste an seinen Holzpantinen herum. Jeder Burgbewohner, ob groß oder klein, putzte seine Schuhe. Ritter Rasmus holte etwas Eisenwolle hervor und rieb seine Stiefel, bis sie blitzeblank waren.

»Rasmus«, brüllte da der Koch quer durch den Saal. »Wo sind meine sieben Äpfel? Ich habe genau

gesehen, dass du sie gestern genommen hast. Abstreiten ist zwecklos.«

»Stimmt, ich habe mit den Äpfeln jongliert«, gab Rasmus zu. »Aber hinterher habe ich sie auf den Küchentisch gelegt. Großes Ritter-Ehrenwort.«

»Papperlapapp«, schnaubte der Koch. »Da sind sie nicht. Äpfel machen sich nicht einfach unsichtbar!«

»Meine Jonglierbälle sind auch verschwunden«, meinte Rasmus verwirrt.

Da liefen die kleinen Prinzen und Prinzessinnen zu ihm. »Rasmus, bis der Nikolaus kommt, dauert es noch so lange. Bitte jongliere für uns!«

»Aber ich habe keine Bälle«, erklärte Rasmus. Doch die Königskinder bestürmten ihn so lange, bis er sich etwas einfallen ließ.

»Gebt mal eure Schuhe her«, rief Rasmus und warf die Schuhe hoch in die Luft. Lautes Gelächter erfüllte den Thronsaal, als Rasmus einen Haufen Schuhe durch die Luft wirbeln ließ. Im Nu ging der Nachmittag vorüber.

Nach dem Abendessen war es Zeit, die Schuhe vor die Tür zu stellen. »Die Schuhe sind weg!«, riefen die Königin und ihre Hausdame bestürzt.

»Unsere auch«, entgegneten der Mundschenk, die Prinzen, die Prinzessinnen und der Hofnarr. Sogar die goldenen Pantoffeln des Königs waren verschwunden. »Wie kann das sein?«, grollte der König. »Trompeter, blast die Fanfare! Auf zur Schuhsuche!«

Sofort verstreuten sich alle Burgbewohner, um die Schuhe wiederzufinden. Auch Ritter Rasmus, dessen eiserne Stiefel ebenfalls fehlten, suchte mit.

»Rasmus, hast du etwas damit zu tun?«, rief Lailalore empört. »Du hast doch vorhin mit unseren Schuhen jongliert.«

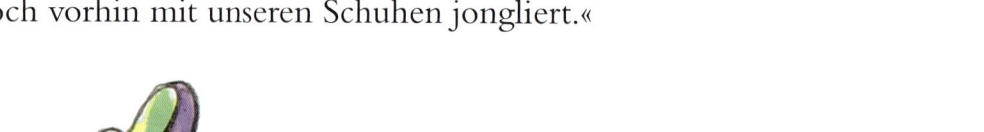

»Und mit meinen Äpfeln«, fiel dem Koch wieder ein.

»Damit habe ich nichts zu tun«, verteidigte sich Ritter Rasmus, doch die anderen schauten ihn zweifelnd an.

»Jetzt kommt der Nikolaus bestimmt nicht, wenn wir keine Schuhe zum Hinausstellen haben«, weinte die jüngste Prinzessin. »Und dabei habe ich meine Sandalen so gut geputzt.«

Kein Nikolaus am Nikolaustag? So weit durfte es nicht kommen! Aufgeregt stromerte Rasmus durchs Schloss. Wo steckten die Bälle nur? Und die Äpfel und die Schuhe?

Da hörte er mit einem Mal ein Schnarchen. Ritter Rasmus lauschte. Das Schnarchen kam aus dem Schlafgemach des Königs. Rasmus schlich näher und öffnete die Tür. Er staunte nicht schlecht: Vor dem Himmelbett lagen lauter Apfelgehäuse, fein säuberlich abgenagt.

Rasmus zählte leise. »Sieben«, stellte er fest. »Aha. Sieben.«

Dann entdeckte er noch etwas. Unter dem Bett sah eine Pranke hervor. Und neben der Pranke lagen lauter Lederreste. »Aha«, sagte Rasmus wieder. »Das ist also von meinen Bällen übrig geblieben. Wie schade!«

Vorsichtig hob er den seidenen Bettüberwurf an. Unter dem Bett lag der

Drache. Stanislaus hatte sich auf den Rücken gerollt und fiepte im Schlaf. Um ihn herum lagen Schuhe – große und kleine, seidene, hölzerne und eiserne.

Rasmus zählte rasch nach. Alle Schuhe waren noch da. Nur der Absatz des Stiefels von Lailalore war abgebissen.

Eilig sammelte Rasmus die Schuhe ein und trug sie in den Thronsaal, wo er begeistert empfangen wurde.

»Also Stanislaus war der Dieb?«, fragte der König und schüttelte traurig den Kopf. »Das hätte ich nicht gedacht.«

»Ich glaube, er hatte einfach nur Hunger«, meinte Rasmus. »Vielleicht sollten wir herausbekommen, was Drachen am liebsten mögen.«

»Ausgezeichnete Idee«, rief der König. »Hofnarr! Du bist doch der Schlaueste von uns allen, mach dich auf die Socken und finde heraus, was Drachen so mögen.«

Es war schon spät, als die Burgbewohner ihre Schuhe vor die Türen ihrer Gemächer und Schlafräume stellten.

Jetzt kann der Nikolaus kommen, dachte Ritter Rasmus. Dann schlummerte er glücklich ein.

Am nächsten Morgen wachte er von einem Jubeln auf. »Bestimmt war der Nikolaus schon da«, meinte Rasmus zur Königskatze, die auf seiner Bettdecke thronte. Erwartungsvoll öffnete er die Tür. Draußen stand sein blank gewienerter Ritterstiefel. Ritter Rasmus griff hinein. Und wirklich: Darin lag ein Nikolausgeschenk. Sieben rot-gelbgestreifte Jonglierbälle.

30. März

Liebes Tagebuch!
Gestern hat uns die Nachbarin besucht. Als sie hörte, dass wir nicht
wissen, wie wir dieses Jahr die Geschenke verteilen sollen, hat sie uns
ihren Besen angeboten. Aber ich bin der Weihnachtsmann, keine Hexe!
Also habe ich abgelehnt.
Gez. DER WEIHNACHTSMANN

2. April

Liebes Tagebuch!
Auf Drängen der Rentiere bin ich nun doch auf den Besen gestiegen.
Eine äußerst wackelige Angelegenheit, das sage ich dir! Aber bevor
Weihnachten ausfällt ... Morgen soll ich fliegen üben und dabei den
Sack mit den Geschenken tragen. Halleluja!
Gez. DER WEIHNACHTSMANN

6. April

Liebes Tagebuch!
Heute gab es schon wieder einen Unfall ... Beim Fliegen auf dem
Hexenbesen kam Wind auf, der mich viel zu weit nach Norden wehte.
Beim Versuch, wieder auf Kurs zu kommen, habe ich eine Bruchlandung
gemacht und bin in einen Schuppen am Waldrand gestürzt. Stell dir
vor, was dort stand! ... ein Schlitten. Den schau ich mir morgen
genauer an.
Gez. DER WEIHNACHTSMANN

Das Missgeschick vom Nikolaus

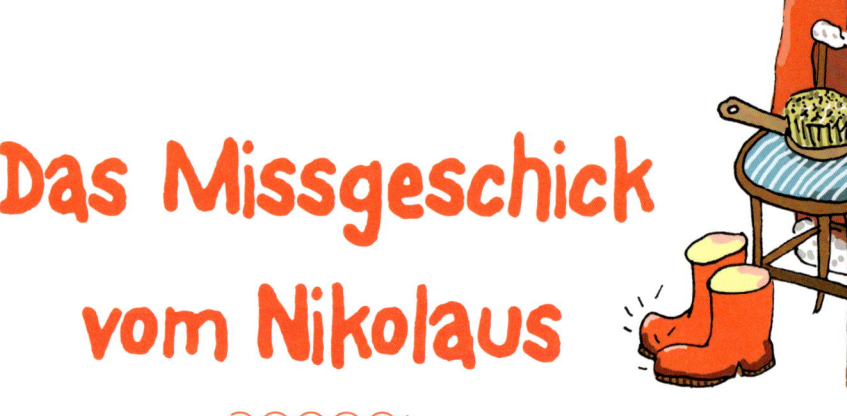

Ah, eine Einladung«, sagte der Nikolaus und faltete das Papier auseinander. »Fridulin, der Weihnachtsengel, gibt ein Abendessen. Wunderbar!« Der Nikolaus freute sich. Denn der Weihnachtsengel feierte die schönsten Feste und kochte das leckerste Essen.

Sorgfältig bürstete der Nikolaus seinen roten Mantel. Er putzte die Schuhe auf Hochglanz und badete einen ganzen Nachmittag. Zum Schluss kam der Bart an die Reihe.

Ausgiebig kämmte der Nikolaus seinen langen weißen Bart. Vielleicht sollte ich diese Härchen besser wegrasieren, dachte er und betrachtete sich kritisch im Badezimmerspiegel.

Kurzerhand griff er zu seinem Rasierer. Doch da klingelte das Telefon. Direkt neben seinem Ohr, denn der Nikolaus hatte es am Nachmittag auf den Badezimmerschrank gelegt.

Er bekam einen Schreck. Damit hatte er jetzt nicht gerechnet!

RATSCH fuhr der Rasierer durch sein Gesicht.

Vor Schreck vergaß der Nikolaus, ans Telefon zu gehen. Voll böser Vorahnung sah er sich im Spiegel die Bescherung an. Der halbe Bart war ab. So konnte er sich nicht beim Weihnachtsengel blicken lassen. Und noch schlimmer: Bald war der erste Dezember und kurz darauf der Nikolaustag.

»So erkennt mich keiner«, stöhnte der Nikolaus und fuhr sich durch die verbliebenen Bartreste. »Was soll ich bloß tun? Ein Nikolaus ohne Bart – das geht einfach nicht.«

In seiner Verzweiflung rief er sofort beim Weihnachtsengel an.

»Mach dir keine Sorgen«, beruhigte Fridulin ihn. »Das bekommen wir schon hin. Ich habe etwas, das dir helfen wird. Ganz bestimmt!«

Beim Fest des Weihnachtsengels aß der Nikolaus ganz allein in der Küche. Sosehr Fridulin sich auch bemühte, er konnte den Nikolaus nicht überreden, sich zu den anderen Gästen zu gesellen.

Nach dem Essen schlich sich der Nikolaus durch die Hintertür hinaus. »Trink das dreimal täglich«, sagte Fridulin und drückte ihm ein Fläschchen in die Hand. »Damit wachsen deine Haare dreimal so schnell.«

Der Nikolaus probierte Fridulins Mittel gleich aus. »Schmeckt scheußlich«, brummte er und schüttelte sich, nachdem er die ersten Tropfen gekostet hatte. In den nächsten Tagen sah er bei jeder Gelegenheit in den Spiegel. Doch statt langer weißer Haare wuchsen nur kurze Stoppeln in seinem Gesicht. Oje!

»Iss viel Brokkoli«, riet ihm Fridulin, als ihn der Nikolaus nach einer Woche verzweifelt anrief.

»Also gut«, brummte der Nikolaus und begann, Brokkoli zu kochen. Dabei mochte er überhaupt keinen Brokkoli!

Die nächsten Tage gab es morgens gedünsteten Brokkoli auf Butterbrot. Mittags kam Brokkoliauflauf auf den Tisch und abends gebratene Brokkoliplätzchen.

»Buah«, schüttelte sich der Nikolaus nach einigen Tagen. »Nie wieder Brokkoli!« Die Stoppeln waren auch nur ein winziges bisschen länger geworden.

Auch Fridulins Tipp, im Mondlicht auf einem Bein auf dem zugefrorenen Teig zu hüpfen, führte leider nicht zum Erfolg.

»Wie soll ich so die Stiefel der Kinder füllen?«, stöhnte der Nikolaus und griff zum Telefon. »Fridulin, komm schnell her. Uns muss etwas einfallen. Morgen ist Nikolaustag!«

»Bin gleich da«, erwiderte der Weihnachtsengel. Wenige Minuten später klingelte Fridulin beim Nikolaus.

»Keine Sorge«, versicherte er dem Nikolaus. »Was ich mitgebracht habe, schmeckt nach gar nichts und tut auch nicht weh. Ich habe beschlossen, dass wir dir einfach einen neuen Bart basteln. Den kannst du tragen, bis dein eigener Bart nachgewachsen ist.« Und mit diesen Worten holte er ein großes Büschel Schafswolle aus der Tasche.

»Das ist die Lösung!«, jubelte der Nikolaus.

79

In der Nacht füllte er wie jedes Jahr die Stiefel. Nur war er diesmal etwas langsamer als sonst. Denn immer wieder musste er anhalten, um sich zu kratzen. Die Schafswolle juckte fürchterlich. Dennoch war der Nikolaus heilfroh über den falschen Bart. »Er kratzt zwar grauenhaft, aber ist Fridulin wirklich gelungen«, brummte er leise, als er eben im letzten Haus verschwinden wollte. »Da ist es fast schon schade, dass ich heute niemandem begegnet bin.«

In diesem Augenblick bogen Smilla, Jonathan und Kilian mit ihrer Groß-mutter um die Ecke.

»Jetzt aber schnell ins Bett, ihr Schätze«, sagte die Großmutter gähnend. »Wir haben auf dem Weihnachtsmarkt völlig die Zeit vergessen und ...«

»Seht mal, der Nikolaus«, unterbrach Jonathan sie.

Smilla, Jonathan und Kilian stürmten zum Nikolaus hin.

»Du bist niemals der Nikolaus«, sagte Kilian.

»Denn dein Bart ist garantiert nicht echt«, fügte Smilla hinzu.

Jonathan sagte gar nichts. Er hob den Arm, zupfte am Bart – und hielt ihn in der Hand.

Der Nikolaus stand ohne Bart da und wurde knallrot.

»Der Engel Fridulin hat mir den Bart gebastelt«, stammelte er verlegen.

Das glaubte ihm keiner. Aber … Genau in diesem Moment schwebte Fridulin vom Himmel und brachte dem Nikolaus einen Bart aus weicher Watte, den er noch schnell gebastelt hatte, weil der Bart aus Wolle so kratzte.

»Ups, du bist es ja doch«, sagte Smilla leise.

Und dem Nikolaus fiel ein großer Stein vom Herzen.

7. April

Liebes Tagebuch!
Der Schlitten ist wie für uns gemacht: vier erstklassige Geschirre für die Rentiere. Dunkelrote Lederbezüge auf den Sitzbänken. Spoiler. Ausfahrbare Spikes an allen Reifen. Und die Federung ist hundertmal bequemer als beim alten Schlitten. Ob wir ihn wohl ausleihen dürfen?
Gez. DER WEIHNACHTSMANN

9. April

Liebes Tagebuch!
Leila hat eine großartige Entdeckung gemacht: in einem Seitenfach des Schlittens lag ein Brief vom vorherigen Besitzer. Er bietet dem Finder des Schlittens an, diesen zu behalten. Denn der Besitzer ist längst zu alt, um noch damit zu fahren. Wir haben erst einmal eine Flasche Fliederbeersaft geöffnet, um das zu feiern. Weihnachten ist gerettet! Hurra!
Gez. DER WEIHNACHTSMANN

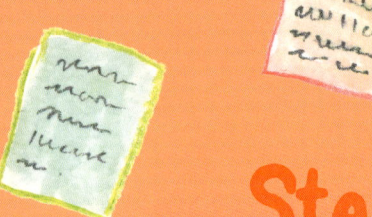

Stellas Wunschzettel

Was macht ihr da?«, fragt Stella. Ihre Geschwister Paul und Dana sitzen im Kinderzimmer und kritzeln eifrig auf Papier.

»Das sind unsere Wunschzettel«, erklärt Dana.

»Für den Weihnachtsmann«, ergänzt Paul. »Dann weiß er, was wir uns wünschen.«

Toll! So einen Wunschzettel will Stella auch haben. »Ich will auch mitmachen«, beschließt sie.

»Du bist zu klein, du kannst noch nicht schreiben«, wimmelt Paul sie ab.

Wütend läuft Stella zu Mama. »Ich arbeite gerade und hab jetzt keine Zeit, dir einen Wunschzettel zu schreiben«, sagt Mama.

Stella will nicht warten, bis Mama fertig ist. Sie läuft zu Opa.

Opa kann nicht mehr so gut hören. »Was willst du?«, brüllt er. »Einen Einkaufszettel für den Osterhasen schreiben?«

Stella seufzt. Sie holt Stifte und Papier und zeichnet auf, was sie sich wünscht.

»Was malst du denn Schönes?«, fragt Papa, als er nach Hause kommt. »Sind das Außerirdische?« Er zeigt auf Stellas Wunschzettel.

Stella verdreht die Augen. Papa hat gar nichts erkannt. Oje! Und wenn der Weihnachtsmann ihr Bild auch nicht erkennt?

»Ich brauche einen neuen Wunschzettel«, brummt Stella. Sie wünscht sich einiges vom Weihnachtsmann. Da fällt ihr etwas ein. Sie sucht Kinder-

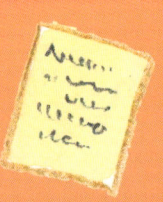
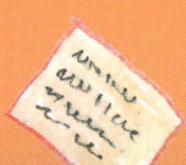

zeitschriften und Kataloge zusammen, dazu Klebstoff und Schere, und legt los.

Am Abend überreichen Dana und Paul Mama und Papa ihre Wunschzettel. »Soll ich dir deinen nun schreiben?«, fragt Mama. Stella schüttelt den Kopf. »Ich habe schon selbst einen gebastelt.« Sie zeigt ihren Wunschzettel. »Das ist aber ein ganz besonderer Wunschzettel«, sagt Papa. Stella hat lauter Bilder ausgeschnitten und aufgeklebt. Und Mama staunt: »Ein richtiges Weihnachts-Wunschzettel-Kunstwerk!« Stella nickt. Das findet sie auch!

Nisses schönstes Weihnachtsfest

Das gibt einen tüchtigen Wintersturm«, sagte Nisse. Der alte Leuchtturmwärter spähte besorgt nach draußen. »Und das so kurz vor Weihnachten.« Nisse seufzte. »Besser, wir vertäuen das Boot noch einmal.«

Zustimmend rieb Lars seinen Kopf an Nisses Bein.

Nisse und sein Kater stiegen die 111 Stufen des Leuchtturms hinunter und stapften zum Steg der kleinen Insel, auf der sie lebten.

Nisses Boot schaukelte heftig auf den Wellen. Nisse brauchte all seine Kraft, um es zurück zum Steg zu ziehen. Er befestigte das Boot mit einem Seil an den Eisenringen, die in die Felsen geschlagen waren.

MIAU! Plötzlich sprang Lars vom Steg und huschte zwischen den Felsen am Strand davon.

»Lars? Lars, wohin willst du?«, rief Nisse. Mühsam stieg er ihm nach.

Als er um einen großen Felsen bog, sah er, wie Lars auf einer Kiste hockte. »Was machst du denn da?«, fragte Nisse überrascht. Lars miaute wieder, dann wieselte er vor der Kiste auf und ab. »Na schön«, meinte Nisse. »Ich hab schon verstanden, alter Junge.« Er bückte sich und packte die Kiste, bevor die Wellen sie wieder zurück ins Wasser ziehen konnten.

Zurück im Leuchtturm kochte Nisse sich erst einmal einen Tee. Ungeduldig strich Lars um die Kiste herum. »Du bist aber neugierig«, bemerkte Nisse schmunzelnd. Er holte sein Werkzeug und stemmte den Deckel der Kiste auf. »Das ist ja nur ein Haufen Papier«, brummte der alte Leuchtturmwärter. Doch Lars stürzte sich in den Papierberg und wühlte darin herum. Nisse schaute genauer hin. »Nanu, was ist denn das?«, fragte er und griff in die Kiste. In einem weichen Nest aus Stroh lag ein Ei. »Ein Hühnerei ist es nicht«, stellte Nisse fest. »Aber was ist es dann?« Eine Weile rätselte er herum, woher das Ei wohl kommen mochte.

Nisse gähnte. Es war längst Schlafenszeit. Sorgfältig legte er das Ei zurück in sein Nest aus Stroh. Morgen würde er im Vogellexikon nachsehen, welche Vögel solche Eier ausbrüteten.

Mitten in der Nacht wachte Nisse von einem Knistern auf. Das Geräusch kam aus dem Nest. Nisse und Lars tapsten verschlafen nach nebenan. »Ein kleiner Papagei!«, rief Nisse. »Wie niedlich!«

Der Papagei sperrte den Schnabel auf, schaute erst Nisse, dann Lars an.

MIAU! Lars stupste Nisse mit der Pfote an. »Du hast Recht«, sagte Nisse lächelnd. »Ich glaube, unser kleiner gefiederter Freund hat Hunger.«

Doch sosehr Nisse auch grübelte – ihm fiel einfach nicht ein, was Papageien gerne fraßen.

Der kleine Papagei rührte weder die Fische noch die frisch gefangenen Krebse an, die Nisse ihm anbot. Auch die Maus, die Lars ihm vor die winzigen Papageienklauen legte, verschmähte er. »Wo zum Kuckuck habe ich das Vogellexikon hingelegt?«, fluchte Nisse. Doch sosehr er auch suchte, das Lexikon blieb verschwunden. Der kleine Papagei fiepte immer lauter und klapperte mit dem Schnabel. »Wir müssen unbedingt herausfinden, was er mag«, sagte Nisse und stieg in seine Gummistiefel. Komm mit, Lars.«

Nisse wickelte den kleinen Papageien in einen warmen Schal und steckte ihn zurück in die Holzkiste. Die Kiste unter den Arm geklemmt, stieg er mit Lars in das Boot.

Zum Glück war die Insel nicht weit vom Festland entfernt. Vorsichtig lenkte Nisse das Boot zwischen den Wellen hindurch.

In dem kleinen Dorf am Meer ging es ungewohnt geschäftig zu. Staunend sah sich Nisse um: Väter trugen Tannenbäume, Mütter die letzten Einkäufe vor dem Fest. Kinder schmückten die Türen und Fenster der Häuser.

Nisse schlug sich an die Stirn. Bei all der Aufregung hatte er es fast vergessen – Weihnachten stand ja vor der Tür.

»Kann ich dir helfen, Nisse?«, fragte die alte Frau Meersahl, die die Apotheke im Ort führte. Nisse erzählte ihr, warum er ins Dorf gekommen war. Die Apothekerin lud Nisse in die warme Stube ein. Dort tranken schon einige Dorfbewohner ihren Weihnachtskaffee.

Kurz darauf redeten sich alle die Köpfe heiß. So viele Menschen hatte Nisse schon lange nicht mehr gesehen. Doch alle waren so hilfsbereit und freundlich, dass er sich gleich wohl fühlte.

»Warte hier«, rief Opa Bardelsby, der den Dorfladen betrieb. Nach kurzer Zeit kehrte er mit Säcken, Kästen und Paketen zurück. »Papageien mögen Früchte und Insekten«, erklärte Opa Bardelsby. »Die Kästen mit den Larven habe ich aus der kleinen Zoohandlung am Bahnhof.« Nisse bedankte sich und hielt dem Papageien ein Stück Apfel unter den Schnabel. Sekunden später war es verschwunden.

»Es klappt!«, freute sich Nisse. »Danke schön, euch allen! Und nun muss ich los, zurück zum Leuchtturm.«

Am Strand erlebte Nisse eine böse Überraschung. Die Wellen türmten sich hoch übereinander. »Es hilft nichts«, sagte Nisse zu Lars, der sich hinter ihm verkroch. »Wir müssen zurück. Bei dem Wetter können wir unmöglich übers Meer rudern.« MIAU!, maunzte Lars. »Ich weiß, ich weiß«, erwiderte Nisse. »Es ist Heiligabend und wir wissen noch nicht mal, wo wir unterkommen können.«

Ratlos ging Nisse mit Lars und dem Papageien zurück ins Dorf. »Nanu, Nisse, was machst du denn noch hier?«, rief Frau Meersahl und steckte den Kopf zur Tür heraus. Nisse erzählte ihr von seinem Pech. »Du feierst natürlich mit uns«, sagte Frau Meersahl und schob ihn zu Opa Bardelsby ins Haus.

»Das war das schönste Weihnachtsfest seit langem«, sagte Nisse am nächsten Morgen. Den ganzen Abend hatte er mit den Dorfbewohnern gesungen und gelacht, gegessen und erzählt. Auch Lars und der kleine Papagei hatten sich kugelrund gefuttert.

»Weißt du was, Lars?«, meinte Nisse, als sie wieder zu Hause waren. »Im nächsten Jahr feiern wir wieder mit allen zusammen Weihnachten. Und zwar bei uns auf dem Leuchtturm.« MIAU!, maunzte Lars und rollte sich zufrieden zusammen.

Gilas große Weihnachtsreise

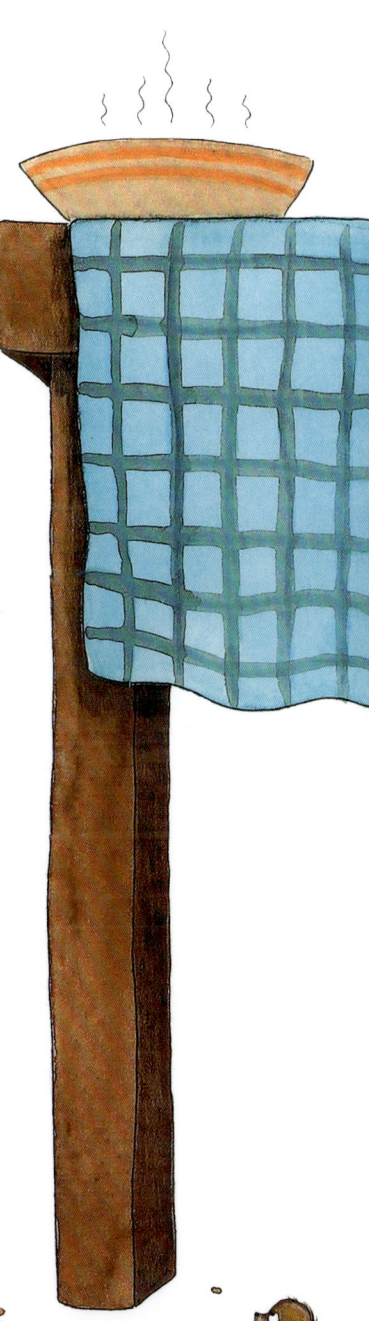

Gila erwachte von einem Geräusch. Die Maus schlug die Augen auf und trippelte aus ihrem Versteck. Josef, der Tischler, war zurückgekommen. Er lehnte einige Bretter an die Wand und trat ins Haus. Seine Frau Maria schöpfte Suppe in zwei Schalen und stellte sie auf den Tisch. Gilas Schnurrhaare zitterten. Die Suppe roch köstlich!

Maria und Josef lebten in der Stadt Nazareth. Auch Gila hatte ihr ganzes Leben hier verbracht. Schon lange jedoch träumte sie davon, einmal mehr von der Welt zu sehen. Und so wurde sie ganz aufmerksam, als Josef sagte: »Der Kaiser Augustus will wissen, wie viele Menschen in seinem Reich leben. Deshalb soll jeder in seine Geburtsstadt gehen und sich dort zählen lassen.«

»Dann machen wir uns morgen auf den Weg nach Bethlehem«, sagte Maria und strich über ihren Bauch, denn sie erwartete bald ein Kind.

Ich komme mit, dachte Gila. Dann kann ich endlich mehr von der Welt sehen. Noch am selben Abend packte Maria zusammen, was sie für die Reise benötigenten. Unbemerkt schlüpfte Gila in eine der Taschen.

Am nächsten Morgen stieg Maria auf den Esel, der im Stall stand. Josef befestigte ihr Gepäck am Rücken des Esels und so zogen sie los.

Schnaubend wendete der Esel den Kopf. »Dass du mich ja nicht kitzelst«, warnte er Gila, denn er hatte sie als Einziger bemerkt.

»Nein, natürlich nicht«, versprach Gila ihm und schaute sich mit glänzenden Augen um. Auf den Straßen waren viele Menschen unterwegs, denn alle wollten sich zählen lassen.

Nach einer langen Reise erreichten sie die Stadt Bethlehem. »Wir brauchen einen Platz zum Schlafen«, sagte Josef. Maria nickte. Sie war müde. Auch Gila hätte sich gern ein wenig die Beine vertreten.

Josef ging von Haus zu Haus, doch niemand hatte einen Platz zum Schlafen für sie. Zu viele Menschen waren angereist, um sich in Bethlehem zählen zu lassen. Alle Herbergen waren längst voll.

»Wir finden schon etwas«, sagte Maria zuversichtlich. Und tatsächlich: Der Mann, der mit seiner Familie im letzten Haus wohnte, hatte noch einen Platz im Stall frei. Erleichtert half Josef seiner Frau vom Esel zu steigen, und gemeinsam gingen sie hinein.

Hier ist es schön warm, fand Gila und streckte sich. Josef führte

den Esel neben den Ochsen im Stall und schichtete Stroh für ein Lager auf.

Ermüdet von der langen Reise schlief Gila ein.

Einige Stunden später erwachte sie von einem leisen Lachen. Verwundert sah sie, dass Maria und Josef nicht länger allein waren. Maria hatte ihr Kind geboren! Gila huschte näher heran, während Josef frisches Stroh in die Krippe legte. Maria bettete das kleine Kind in die Krippe.

Gila bemerkte, dass ein heller Lichtschein den Stall erleuchtete. Ein Stern stand direkt über dem Stall am Himmel!

Einige Hirten mit ihren Schafen kamen auf den Stall zu. Als sie bei ihnen ankamen, erzählten sie, dass ihnen ein Engel erschienen war. Er hatte gesagt: »Fürchtet euch nicht! Ich bringe euch eine frohe Botschaft. Heute Nacht ist Jesus Christus geboren. Ihr findet den Sohn Gottes in einer Krippe im Stall.«

Die Hirten fielen vor der Krippe auf die Knie und dankten Gott, dass er den Menschen seinen Sohn geschenkt hatte.

Weit entfernt bemerkten auch die Könige Caspar, Balthasar und Melchior

den hellen Stern. Sie machten sich ebenfalls auf den Weg zu dem Stall und brachten Jesus Geschenke. Alle Menschen freuten sich über die Geburt von Gottes Sohn.

»Wie wundervoll«, raunte Gila dem Esel ins Ohr, der nickte und dem kleinen Kind in der Krippe sein liebevollstes I-AH schenkte.

25. Mai

Liebes Tagebuch!
Draußen grünt und blüht es. Alles eine wunderbare Pracht! ich liege im
Gartenstuhl in der Sonne und trinke eine Holunderbrause. Und der
lange, wunderbare Sommer liegt noch vor uns. Aller Weihnachtstrubel
ist weit weg. Die Gartenpforte muss geölt werden. Sie quietscht.
Besuch?
Gez. DER WEIHNACHTSMANN

26. Mai

Liebes Tagebuch!
Unsere friedliche idylle wurde leider gestört durch eine Abordnung
äußerst aufgebrachter Weihnachtskobolde. Jedes Jahr reisen sie aus
den Bergen an, um Fred und Karacho beim Verpacken der Geschenke zu
helfen. Das hat immer gut geklappt. Doch jetzt wollen sie mehr Geld.
Anscheinend hat der Osterhase die Preise verdorben, denn dort helfen
sie im Frühjahr aus. Leider ist unsere Kasse leer. Wir haben einen
Monat Zeit, um den Kobolden ein Angebot zu machen. Es ist wirklich
zum Haareraufen!
Gez. DER WEIHNACHTSMANN

Papas schönste Ferien

„Früher, als ich noch ein Junge war, da haben wir tolle Ferien gemacht«, erzählt Papa. Er streckt die Beine aus und starrt versonnen ins Feuer.

»Was für Ferien?«, rufen Jonas und Lisa. Die Zwillinge klettern auf die Sessellehnen und stupsen Papa an.

»Na, richtige Winter-Abenteuer-Ferien«, sagt Papa. »Wir sind in die Berge gefahren und mit Schneeschuhen durch den tiefen Schnee gestapft. Auf Skiern die Abhänge hinuntergesaust. Und Schlitten gefahren. Hach, herrlich war das!«

»Das können wir doch auch machen«, meint Lisa.

»Oh ja, bitte!«, ruft Jonas.

Papa sieht sie nachdenklich an. »Warum eigentlich nicht?«, sagt er dann.

Einige Wochen später ist es so weit: Das Auto vollgepackt mit Wintersachen, Schlitten und Skiern, machen sich Papa, Jonas und Lisa auf den Weg in die Berge. Zum Glück wird es unterwegs nicht langweilig, denn Papa fällt immer noch etwas Neues zu erzählen ein. Schließlich fallen Jonas und Lisa die Augen zu, mitten in einer Geschichte.

Als sie aufwachen, mustern Lisa und Jonas ihre Umgebung. Kein Zweifel, sie sind mitten im Gebirge! Doch etwas ist anders als geplant.

»Papa, hier liegt ja gar kein Schnee«, stellt Lisa fest.

»Igitt, so ein kalter Regen«, beschwert sich Jonas.

Auch Papa ist enttäuscht. »Das habe ich mir anders vorgestellt«, sagt er. »Aber nun erkundige ich mich erst mal nach dem Weg zu unserer Berghütte.«

Als Papa wiederkommt, sieht er fast verzweifelt aus. »Der Weg ist versperrt«, sagt er. »Er ist durch den vielen Regen zu rutschig geworden.« Dafür hat Papa die Adresse eines Bauernhofs ganz in der Nähe bekommen, der noch Gäste aufnimmt. »Berge ohne Schnee«, murren Lisa und Jonas. »Das sind ja tolle Winterferien …«

Doch schon am nächsten Tag erkunden sie begeistert den Bauernhof. Lisa darf auf dem Traktor mitfahren und Jonas hilft beim Melken. Es macht gar nichts, dass es immerzu regnet, denn bei den Tieren im Stall ist es warm und kuschelig.

Nur Papa lässt sich kaum blicken. Aber dann, am Abend, hören Jonas und Lisa ein Rumpeln auf dem Hof. »Bitte aufsteigen!«, ruft Papa und zieht den Schlitten hinter sich her.

»Der hat ja Rollen«, staunt Jonas.

»Wie praktisch, dann brauchen wir gar keinen Schnee mehr«, freut sich Lisa.

Den Rest des Abends rollern sie die Hügel hinunter. Und später, als es längst Schlafenszeit ist, rieseln die ersten Schneeflocken vom Himmel.

Fundsache

In großen Sätzen durchquert Herbert den Wald. Im Schnee macht das Hüpfen gleich noch mal so viel Spaß!

Herbert hopst über einen Stein – und stürzt kopfüber in den Schnee. HOPPLA! Hinter dem Stein liegt etwas.

Neugierig untersucht Herbert seinen Fund. Ein großer brauner Sack aus Jutestoff. Herbert steckt die Nase hinein. Vielleicht Eukalyptusbonbons?

Nein, nur lauter Pakete. Kleine, große, mit Schleifen, mit Glanzpapier umwickelt …Wunderschön sehen sie aus!

Herbert sieht sich verstohlen um. Sicher hat niemand etwas dagegen, wenn er die Pakete mitnimmt. Er hat sowieso gerade nichts im Beutel. Eifrig schaufelt Herbert die Päckchen hinein. Dann hopst er wieder los.

Doch diesmal hüpft er längst nicht so schnell. Und nicht so hoch. Und vor allem: nicht so weit. Die Pakete sind ganz schön schwer! Herbert gerät

ins Stolpern. Schließlich steht fest: Die Pakete müssen weg. Nur wohin? Ratlos hoppelt er einige Schritte weiter.

Da – ein Abgrund! Im letzten Moment bleibt Herbert stehen. Er riskiert einen Blick nach unten. Puh, das ist ganz schön tief. Herbert schaudert. Zwinkert mit den Augen. Moment mal!

Unten steht ein Schlitten. Mit zwei Rentieren davor. Sonst ist weit und breit niemand zu sehen.

Das ist die Gelegenheit! Herbert zieht das erste Paket aus dem Beutel und lässt es fallen. Es plumpst genau auf die Pelzdecke im Schlitten. Treffer!

Nach und nach befördert Herbert alle Päckchen nach unten.

Erleichtert macht er sich wieder auf den Weg. So hüpft es sich viel unbeschwerter!

Kurz darauf erreicht Herbert seinen Schlafplatz. Und staunt: Dort liegt ja ein Paket … Mit Schleife. Und mit Glanzpapier umwickelt.

20. Juni

Liebes Tagebuch!
Die Rentiere und ich zerbrechen uns seit Wochen die Köpfe. Wo bekommen wir das Geld her, um die Kobolde zu bezahlen? Sie meinen es wirklich ernst. Denn normalerweise kommen sie Anfang Juni vorbei, um uns die neuesten Weihnachtspapiere vorzuführen. Diesmal kam nur ein knappes Schreiben. Papier erst nach dem Angebot. Wir müssen uns also etwas einfallen lassen. Schon wieder wird die Zeit knapp. Ohne Kobolde — kein Papier — keine verpackten Geschenke = kein Weihnachtsfest. STÖHN!
Gez. DER WEIHNACHTSMANN

22. Juni

Liebes Tagebuch!
Rettung in letzter Minute. Zumindest hoffen wir das. Leila hatte eine Eingebung. Morgen feiern wir ein großes Mittsommerfest und sammeln dabei Spenden. Zugleich stimmen wir unsere Besucher schon mal auf Weihnachten ein. Es gibt Erdbeerbowle mit Glöckchen-Eiswürfeln, kleine Eis-Nikoläuse am Stiel, eine große Rentier-Hüpfburg und aufblasbare Weihnachtsbäume für den Swimmingpool. Völlig verrückt. Aber wenn's hilft ...
Gez. DER WEIHNACHTSMANN

Ein ganz besonderer Tag im All

Die Bordcomputer funktionieren einwandfrei. Alle Lampen leuchten grün, nur die Datumsanzeige funktioniert immer noch nicht«, meldet Ben und lehnt sich zufrieden zurück.

»Vielen Dank, Astronaut!«, kommt knisternd die Antwort von der Bodenstation. »Dann mach dir da oben mal einen schönen …« Doch der Rest des Satzes geht in einem Rauschen unter.

Verwirrt dreht Ben an zwei Knöpfen. »Hugo, was hast du eben gesagt?«, ruft er. »Bitte kommen!«

»… und vergiss nicht, Bennie«, fährt Hugo fort. »Heute ist ein ganz besonderer Tag …«

Aufgeregt beugt Ben sich vor. »Was für ein Tag denn? Bitte kommen, Bodenstation!« Doch statt einer Antwort knistert es nur laut.

»… Wiedersehen und over«, dröhnt Hugos Stimme aus den Lautsprechern.

So ein Pech! Sonst funktioniert die Übertragung doch immer einwandfrei.

Einige Augenblicke lang grübelt Ben darüber nach, was Hugo wohl gemeint hat. Warum ist heute ein besonderer Tag?

Dann gibt er sich einen Ruck. Am besten macht er einfach so weiter wie immer. Ein Blick auf die Uhr und Ben stellt fest: höchste Zeit für seine nächste Mahlzeit. Er öffnet eine Klappe und holt eine Tube heraus. Sorgfältig drückt er eine grün-gelbe Paste auf einen Löffel. Lecker! Spinat und Kartoffelpüree.

Doch Hugos Worte gehen ihm nicht aus dem Kopf. »Ein besonderer Tag? Etwa mein Geburtstag?« Ben will sich schon freuen, als ihm einfällt, dass erst neulich eine Rakete an seiner Raumstation festgemacht und einen Karton ausgeladen hat. Darin war eine Geburtstagstorte mit lauter Kerzen drauf. Das ist erst einen Monat her. Für seinen Geburtstag ist es also noch viel zu früh.

»Vielleicht ist es Zeit für eine besonders gründliche Inspektion des gesamten Raumschiffs«, denkt Ben.

Gesagt, getan. Eifrig macht er sich an die Arbeit. Nach zwei Stunden steht fest: Alles ist so, wie es sein soll. Kabel und Leitungen sind korrekt verlegt. Alle Schalter haben die richtigen Einstellungen. Prüfend lässt Ben seinen Blick über die Bodenklappen schweifen. Alle geschlossen. Doch wölbt sich da nicht eine Klappe etwas hervor? Neugierig bewegt er sich darauf zu.

Nach einigem Rütteln lässt sich die Klappe öffnen. In dem Fach dahinter entdeckt er ein kleines Paket.

»Nanu, das muss ich bei meiner Ankunft auf der Raumstation übersehen haben«, wundert sich Ben. In dem Paket ist ein grünes Gestell aus Metall. Es dauert eine Weile, bis Ben begreift, dass er das Gestell auseinanderklappen muss. Vielleicht ein Regenschirm?

Nein, ein Tannenbaum! Jedenfalls sieht es fast so aus. Unter dem Papier findet er noch etwas. Glitzernde Tannenbaumkugeln. Und jetzt ist alles klar.

»Heute ist Weihnachten«, ruft Ben. »Das ist ja wunderbar! Mein erstes Weihnachtsfest im Weltall.« Er schaut nach draußen. Undurchdringliches Schwarz, dazwischen funkeln unzählige weiße Sterne. Ben kann sich gar nicht sattsehen.

Da rauscht es aus den Lautsprechern und eine Melodie ertönt: Stille Nacht.

Leise singt Ben das Lied mit. Plötzlich saust etwas Glitzerndes vorbei. Eine Sternschnuppe? Ben drückt sich die Nase an der Scheibe platt. Das Glitzern kommt zurück. Und hat da nicht jemand gewunken? »Vielleicht ein Weihnachtsengel«, denkt Ben und schließt lächelnd die Augen. »Das muss ich unbedingt Hugo erzählen!«

Die Christbaumspitze

Was ist da drin?«, fragt Oskar, als Oma einen Pappkarton auf den Tisch stellt.

»Unser Weihnachtsbaumschmuck«, erklärt Oma.

Oskar wühlt mit Oma in der Kiste. Sie suchen goldene Glöckchen aus und rote Christbaumkugeln. Dazu Nussknacker und Schaukelpferdchen aus Holz.

»Die gehörte meiner Oma«, erzählt Oma und wickelt eine gläserne Christbaumspitze aus. »Huch!« Unvermittelt rutscht ihr die Spitze aus der Hand und zerspringt in lauter Splitter.

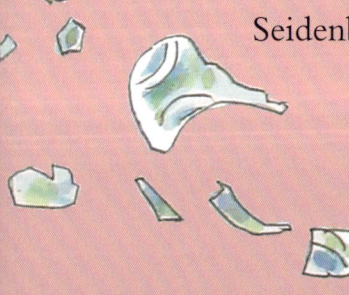

Oma kommen die Tränen. Oskar ist untröstlich. Weihnachten ohne Christbaumspitze – das geht doch nicht!

In den nächsten Tagen geht dauernd etwas schief: Oskar verliert die Spielfigur aus seinem Adventskalender und Oma reißt ein Loch in ihre Seidenbluse.

»Das liegt an der kaputten Christbaumspitze«, sagt Oskar. »Wir brauchen eine neue.«

Oma nickt. Die beiden gehen in den Trödelladen am Ende der Straße. »Vielleicht haben wir hinten noch eine Christbaumspitze«, sagt der Ladeninhaber. »Aber sicher bin ich nicht.«

Oskar und Oma versuchen es trotzdem. Sie schauen in verstaubte Pappkisten und ziehen unzählige Schubladen aus einem riesigen Schrank heraus. Oskar krabbelt sogar in den Schrank hinein. Ganz verstaubt kommt er wieder heraus, in der Hand eine verrostete Blechdose. Gespannt öffnet er die Dose.

»Oskar, da ist unsere neue Christbaumspitze«, ruft Oma strahlend.

»Aber dem Engel fehlt ein Flügel«, meint Oskar.

»Den haben wir schnell repariert«, versichert Oma ihm.

Wenig später ist es so weit: Papa stellt den Weihnachtsbaum auf. Oskar darf die neue alte Christbaumspitze befestigen.

»Wunderschön«, finden Oskar und Oma.

Nun passieren lauter gute Sachen: Oskar bekommt ein Weihnachtspaket von seiner Tante aus Australien. Oma gelingen köstliche Knödel.

»Das liegt am Engel auf der Christbaumspitze«, sagt Oskar. »Der bringt Glück.« Oma nickt. Ganz bestimmt hat Oskar Recht.

Au Backe!

Autsch!«, jault der Weihnachtsmann auf und hält sich die Wange. Mit schmerzverzerrtem Gesicht spuckt er den Keks, den er sich gerade in den Mund geschoben hat, in eine Serviette.

»Waf ift daf denn?«, lispelt er und pult etwas Hartes aus dem Stoff.

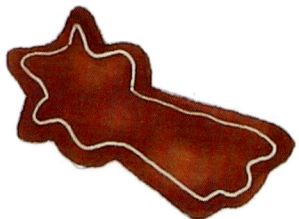

»Au Backe, mein halber Fahn ift abgebrochen«, jammert der Weihnachtsmann und lispelt im ersten Moment vor Schmerzen.

Die Schmerzen sind fürchterlich! Schweren Herzens krabbelt er ins Bett.
Morgen früh muss er gleich als Erstes beim Zahnarzt anrufen.

Doch als er am nächsten Morgen die Nummer der Zahnarztpraxis wählt,
erlebt er eine unangenehme Überraschung.

Der Zahnarzt ist verreist. »Zum Skifahren in die Berge, so was aber auch«,
zetert der Weihnachtsmann. »Und das kurz vor Weihnachten. Wo ich ihn
unbedingt brauche.«

Vorsichtig befühlt er seine Wange. Sie ist dick angeschwollen. Also muss
er sich selbst helfen.

Er setzt sich an den Computer und hämmert in die Tasten.

»Aha … aha … aha. Kälte soll helfen!«, liest er leise.

Der Weihnachtsmann springt vom Stuhl und rennt nach draußen. Kurzerhand bricht er einen der dicksten Eiszapfen von der Dachrinne und hält
ihn sich an die geschwollene Wange.

»AUUUUU!« Sein Aufschrei ist bis ins Dorf zu hören.

Der Weihnachtsmann pfeffert den Eiszapfen hin, dass er in tausend Splitter
zerbricht, und geht schimpfend ins Haus, um sich wieder an den Computer
zu setzen.

»Aha … aha … aha. Wärme soll helfen!«, liest er leise.

Der Weihnachtsmann springt auf und rennt in die Küche. Dort hat gerade
der Teekessel gepfiffen. Vorsichtig gießt der Weihnachtsmann das heiße
Wasser in eine Wärmflasche und hält sie sich an die geschwollene Wange.

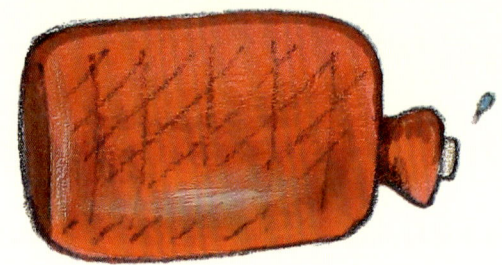

»AUUUUU!« Sein Aufschrei ist bis ins Dorf zu hören.

Der Weihnachtsmann wirft die Wärmflasche aufs Sofa. Fast hätte er dabei die Katze am Kopf erwischt, die verärgert aufspringt.

Er setzt sich wieder an den Computer.

»Aha … aha … aha. Nelken sollen helfen!«, liest er leise.

Also zieht er fluchend seinen Mantel an. Die Augen tränen ihm schon, so sehr schmerzt sein Zahn.

In Rekordzeit erreicht der Weihnachtsmann das Dorf. Dort marschiert er schnurstracks in den Blumenladen.

»Nelken?«, fragt Rosi, die Blumenverkäuferin. »Wir haben weiße oder rosa oder …«

»Die Farbe ist unwichtig«, unterbricht sie der Weihnachtsmann und beißt in eine feuerrote Nelke. »AUU!«, brüllt der Weihnachtsmann und hält sich die Wange.

»Haben Sie etwa Zahnschmerzen?«, fragt Rosi.

Der Weihnachtsmann nickt. »Und ich hab gelesen, dass Nelken helfen«, sagt er kläglich. »Aber das stimmt anscheinend auch nicht.«

»Doch, Nelken helfen«, ruft Rosi. »Aber nicht diese Nelken, sondern Gewürznelken. Warten Sie einen Moment.«

Rosi läuft in ihre Wohnung, die direkt neben dem Blumenladen liegt. Als sie zurückkommt, hält sie eine Dose in der Hand. »Hier sind getrocknete Nelken«, sagt sie. »Die helfen gegen Zahnschmerzen.«

Vorsichtig probiert der Weihnachtsmann eine der braunen, trockenen Nelken. Ein frischer, würziger Geruch breitet sich aus. »Es wirkt!«, ruft er begeistert und fällt Rosi um den Hals. Winkend macht er sich auf den Heimweg.

Einige Tage später feiert Rosi mit ihren Freunden zusammen Weihnachten. »Du hast aber ein großes Geschenk vom Weihnachtsmann bekommen«, wundern sich ihre Freunde. »Und die Pakete duften alle so würzig. Seltsam!«

Rosi lächelt nur und freut sich über den ganz besonderen Weihnachtsduft.

Weihnachten für die Tiere

Die Kinder von Bauer Hansen haben mit den Nachbarskindern ein neues
Zaumzeug für den Esel und Leckereien für die Tiere besorgt.
Besonders die Eichhörnchen freuen sich über das Futter.

Wie viele Eichhörnchen zählst du?

25. Juni

Liebes Tagebuch!
Das Mittsommerfest war ein Renner. Alle Gäste haben großzügig gespendet. Wir konnten den Kobolden die verdiente Lohnerhöhung bezahlen und haben abzüglich aller Ausgaben am Ende sogar noch etwas übrig behalten.
Puh! Bin ich froh — und ist das heiß gerade! Ein Spaghetti-Eis wäre jetzt großartig. Ich glaube, ich mache für heute Schluss und gehe mit den Rentieren in die Eisdiele unten im Dorf.
Gez. DER WEIHNACHTSMANN

8. Oktober

Liebes Tagebuch!
Heute habe ich in unserer Kuschelecke lauter braune Krümel gefunden. Wenn mich nicht alles täuscht ... SCHNÜFF. Hm. Ich muss noch mal riechen. Doch, kein Zweifel. Es sind Lebkuchenkrümel. Jetzt, mitten im Herbst? Wer zum Kuckuck nascht hier heimlich Lebkuchen?
Gez. DER WEIHNACHTSMANN

Antonio und die Wichtelmaschine

Abend für Abend saß Antonio auf dem großen Dachgarten vor seinem Zimmer und beobachtete vor dem Einschlafen die Sterne. Selbst im Winter schaute er – dick eingehüllt in eine warme Decke – durch sein Teleskop zum Himmel hinauf.

In den vergangenen Tagen hatten dichte Wolken die Sicht verhüllt. Nun war endlich wieder ein Abend gekommen, an dem unzählige Sterne über ihm funkelten.

Gerade richtete Antonio das Teleskop auf einen winzigen, weit entfernten Stern, als zischend etwas vorbeiglitt. Erstaunt sah Antonio auf. Hinten am See krachte es, dann leuchtete ein lila und grüner Funkenregen auf.

Silvester war noch lange hin, der Winter hatte schließlich gerade erst begonnen. Was hatte da also geleuchtet? Beklommen verfolgte Antonio, wie zwei Gestalten die Böschung hinter dem See erklommen und über die Wiese liefen. Direkt auf ihn zu. Wie erstarrt blieb Antonio auf seinem Platz.

Schon hatten die Gestalten seinen Balkon erreicht.

»Dürfen wir heraufkommen?«, fragte eine piepsige Stimme höflich.

Antonio nickte überrascht.

»Danke«, hörte er eine zweite, tiefe Stimme sagen.

Sekunden später plumpsten zwei Gestalten auf den Boden der Dachterrasse.

Sie trugen silberne Overalls und ihre lila-grünen Haare standen ihnen zu
Berge.

»Guten Abend«, sagte das Wesen mit der hellen Stimme. »Ich bin Nirre
und das dort ist Sverre. Wir sind …«

»Außerirdische«, flüsterte Antonio entgeistert. »Aliens!«

»Wie kommst du denn auf den Quatsch?«, fragte Nirre, doch Sverre stieß
sie unsanft in die Seite. »Entschuldigung«, sagte Nirre. »Also noch einmal:
Wie kommst du denn darauf, dass wir Außerirdische sind? Wegen unserer
Weihnachtsrakete dort drüben?« Und sie wies auf das grün blinkende Wrack,
das am Ufer des Sees lag.

Antonio nickte schüchtern.

»Wir sind keineswegs von einem anderen Stern«, beeilte sich Sverre zu
sagen. »Im Gegenteil, wir sind sehr irdisch. Besonders jetzt, im Winter. Da
haben wir nämlich jede Menge zu tun.«

»W…wer seid ihr denn dann?«, fragte Antonio mit rauer Stimme.

Die beiden kicherten. »Na, Wichtel natürlich«, erwiderte Nirre.

»Genauer gesagt: Weihnachtswichtel«, fügte Sverre hinzu.

»Ach«, krächzte Antonio, der langsam wieder seine Fassung gewann. »Wirklich? Wichtel habe ich mir immer ganz anders vorgestellt.«

»Etwa mit roter Zipfelmütze und rotem Mäntelchen?«, fragte Nirre verächtlich.

Antonio nickte beschämt.

»Das ist längst Schnee von gestern«, meinte Sverre wegwerfend. »So sehen Wichtel doch nur noch in alten Kinderbüchern aus. Doch jetzt müssen wir zur Sache kommen.« Er warf einen Blick auf seine neongrüne Armbanduhr, deren Zeiger sich wie verrückt im Kreis drehten.

»Antonio, kannst du uns einen Gefallen tun? Wir brauchen ein Fahrzeug für heute Nacht, denn wir müssen dringend einige Pakete ausliefern. Habt ihr irgendetwas da? Ein Fahrrad, einen Bollerwagen? Zur Not tut es auch euer Auto.«

Entsetzt verzog Antonio das Gesicht. »Unser Auto? Das ist ganz neu, ich glaube, das wäre keine gute Idee. Einen Bollerwagen haben wir leider auch nicht. Und die Fahrräder haben alle einen platten Reifen. Jetzt im Winter stehen die ja nur herum und werden nicht benutzt.«

»Wie ärgerlich«, schimpfte Nirre. »Ich hab dir doch gesagt, lass uns am anderen Seeufer bruchlanden. War doch klar, dass uns hier niemand weiterhelfen kann.«

»Es hätte ja auch klappen können«, entgegnete Sverre eingeschnappt.

»Moment mal, ihr beiden«, unterbrach Antonio die streitenden Weihnachtswichtel. »Bis wann, sagtet ihr gleich, braucht ihr das Fahrzeug?«

»Nur bis morgen früh um sechs«, meinte Nirre.

»Dann nehmt doch meinen Rollstuhl«, schlug Antonio vor. »Ich stehe immer erst um sieben auf. Aber ihr müsst versprechen, dass ihr ihn mir heil zurückbringt.«

»Natürlich«, versicherten Sverre und Nirre ihm. »Danke, Antonio, das ist wirklich lieb von dir.«

Am nächsten Morgen schlug Antonio die Augen auf. Einen Moment war er nicht sicher, ob er seine Begegnung mit den Wichteln nicht nur geträumt hatte. Doch dann sah er den Rollstuhl draußen auf der Dachterrasse stehen.

»Nanu, was macht der denn da?«, wunderte Mama sich, als sie hereinkam. Sie schob den Rollstuhl gähnend vor Antonios Bett.

»Och«, meinte Antonio nur und strich vorsichtig über das Metall. Sprühten da nicht lila-grüne Funken?

23. Oktober

Liebes Tagebuch!
Jeden Tag entdecke ich neue Lebkuchenkrümel. Die Rentiere streiten alles ab. Ob vielleicht die Katze ... oder vielleicht sind die Weihnachtskobolde früher als gewöhnlich eingetroffen? Nach dem Streik im Frühsommer traue ich ihnen alles zu. Ich bleibe auf der Hut. Denn unsere Lebkuchenvorräte schwinden rapide.
Gez. DER WEIHNACHTSMANN

27. November

Liebes Tagebuch!
Immer noch kein Hinweis. Allerdings scheint es mir so, als wäre Leila ein wenig runder als sonst um die Taille. Aber wie soll ich sie fragen? Ich traue mich nicht ... Am besten warte ich weiter ab und halte dabei Augen und Ohren offen.
Gez. DER WEIHNACHTSMANN

Piratenweihnacht

Ho ho, ahoi!«, brüllt Käpt'n Hinkebein und wirft im Vorbeifahren ein Päckchen auf Pepes Schiffsdeck. »Und frohe Weihnachten!«

Pepe winkt dem Kapitän dankend zu und öffnet das Paket. Schokokringel. Lecker! Aber in der warmen Sonne schmelzen sie fast sofort.

Auch dem Weihnachtsbaum, den Pepe auf einer der Inseln erbeutet hat, bekommt die Wärme nicht. Missmutig stellt der kleine Pirat fest, dass der Baum über Nacht fast alle Nadeln verloren hat. Jedes Jahr dasselbe.

»So macht Weihnachten überhaupt keinen Spaß«, murrt Pepe und schlurft hinunter in die Kajüte. Wie es aussieht, wird er auch diesmal wieder Weihnachten allein feiern. Ohne Baum, ohne Weihnachtsgebäck und vor allem ohne Freunde, die mit ihm Weihnachtslieder singen. Denn die anderen Piraten lachen und grölen nur, sobald Pepe ein Lied anstimmt. Dabei ist das Singen doch das Schönste an Weihnachten. Pepe seufzt und tut sich selbst ein bisschen leid.

Vor dem Einschlafen blättert er in einem Weihnachtsbuch. »So viel Eis und Schnee. Das wär was«, denkt Pepe und bestaunt die Bilder in seinem Buch, bis ihm die Augen zufallen.

In der Nacht kommt ein Sturm auf. Sein Schiff tanzt auf den Wellen auf und ab. Doch Pepe schläft ganz fest. Am nächsten Morgen wacht er auf. Es ist still. Keine Papageien krächzen, keine Piraten brüllen und johlen. Pepe fröstelt. Ihm ist kalt. Hat er sich etwa über Nacht erkältet? Als er an Deck kommt, traut er seinen Augen kaum: Um ihn herum sieht alles anders aus als zu Hause in den Haifischgewässern. Schneeberge treiben vorbei, ein kalter Wind bläst ihm ins Gesicht.

Das Meer ist nicht wie sonst himmelblau, sondern dunkelgrau.

»Wo bin ich?«, ruft er.

»Im Eismeer«, antwortet eine helle Stimme.

Verdutzt macht Pepe einen Satz. »Und wo bist du?«, ruft er dann.

»Auch im Eismeer«, erwidert die Stimme kichernd. »Gleich hier unten.«

Pepe späht über die Reling. Dicht an der Bordwand seines Piratenschiffs liegt ein Kajak. »Ich hab dich gar nicht kommen hören«, sagt Pepe überrascht zu dem Mädchen, das darin sitzt. Es trägt einen dicken Mantel und sieht überhaupt nicht aus, als ob es friert. Pepe dagegen klappern die Zähne.

»Ich wollte gerade bei dir anklopfen«, sagt das Mädchen. Geschickt vertäut es das Kajak am Piratenschiff und klettert dann zu ihm nach oben.

»Ich bin Giuliana«, erklärt das Mädchen. »Wie bist du hierhergekommen? Im Eismeer bekommen wir nur selten Besuch.«

»Vor dem Einschlafen habe ich mir gewünscht, dass es schneit«, sagt Pepe.

»Manchmal werden Wünsche wahr.« Giuliana schmunzelt.

Pepe und Giuliana haben sich viel zu erzählen. Als die Dämmerung hereinbricht, ruft Pepe: »Heute ist doch Weihnachten! Das hätte ich fast vergessen.«

»Aber ich nicht«, meint Giuliana. Sie lädt Pepe zu sich nach Hause ein. Es ist gar nicht weit. Hinter drei Eisbergen liegt eine kleine Insel mit einem Schneehaus. Darin gibt es einen Weihnachtsbaum. Mit allem, was dazugehört: brennenden Kerzen, selbst gebackenen Plätzchen und Geschenken. Doch am allerschönsten sind die Weihnachtslieder. Denn Giuliana singt ebenso gern wie Pepe.

»Frohe Piratenweihnacht!«, jubelt Pepe und stimmt das nächste Weihnachtslied an.

Das Grippenkind

Ich mache beim Weihnachtsstück mit«, brüllt Bella und rast in die Küche. »Ratet mal, wer ich bin!«

Mama faltet die Zeitung zusammen. »Ein Engel?«, fragt sie.

Bella schüttelt den Kopf.

»Ein Hirte? Oder ein Schaf?«, rät Papa und legt den Kochlöffel beiseite.

»Nö«, meint Bella und zieht die Nase hoch. »Ich bin das Krippenkind.«

Die nächsten Tage wird nach der Schule kräftig geübt, denn das Weihnachtsstück soll unbedingt gelingen. Je mehr Bella und die anderen Kinder proben, desto besser klappt die Aufführung. Nur eins klappt nicht: Bellas Schnupfen wird jeden Tag ein bisschen schlimmer. Dabei hüpft sie jeden Abend in Papas Eukalyptus-Erkältungsbad, trägt drei Paar Socken übereinander und löffelt brav Mamas Zwiebelsaft mit Honig.

»So kannst du heute nicht auftreten«, sagt Mama am Tag der Aufführung, als sie Bellas Stirn fühlt. »Du hast ein bisschen Fieber!«

Alles Jammern hilft nichts: Bella muss mit Oma zu Hause bleiben und das Bett hüten, während Mama und Papa sich in der Kirche das Weihnachtsstück ansehen wollen.

»Soll ich dir eine Geschichte vorlesen?«, fragt Oma.

»Nö!«, entgegnet Bella. Sie will auch nicht malen oder Tannenbaumschmuck basteln. Will weder Plätzchen essen noch Weihnachtslieder hören. Schließlich gibt Oma seufzend auf und geht hinunter ins Wohnzimmer.

»Das lasse ich mir nicht bieten!«, schimpft Bella leise und niest laut. Heimlich klettert sie aus dem Bett, schleicht aus dem Haus und schlüpft unbemerkt in die Kirche nebenan.

Das Weihnachtsstück ist ein voller Erfolg. Kurz vor dem Ende niest es plötzlich kräftig aus der Krippe. Mama hebt überrascht die Augenbrauen. Papa schluckt. Dann zeigt sich das Kind in der Krippe. Bella im weißen Bettlaken. Sie niest wieder, während die Hirten, Maria und Josef und die drei Könige niederknieen und sich über das Kind in der Krippe freuen.

»Wisst ihr, was ich heute war?«, fragt Bella, als Mama und Papa sie nach dem Stück eilig nach Hause bringen. »Ein richtiges Grippenkind!«

Weihnachten auf der Straße

»Uff!«, stöhnt Papa und lehnt sich erschöpft gegen das Auto. »Gleich ist der Kofferraum voll. Wer hat denn noch etwas, das unbedingt mitmuss?«

»Ich!«, ruft Mama.

»Ich!«, ruft Lina.

»Ich!«, ruft Tabea.

Carlo seufzt. Das hat er geahnt. »Bis wir losfahren, ist Weihnachten vorbei«, mault er. »Dann können wir auch gleich hierbleiben.«

Papa wirft ihm einen mitfühlenden Blick zu. »Willst du dich schon reinsetzen, Kumpel?«

Carlo nickt und klettert in seinen Kindersitz.

Mama läuft zum Auto, in der Hand einen großen und einen kleinen Koffer. »Darin sind unsere dicken Pullover«, erklärt sie, »und in dem kleinen Koffer ist meine Fotoausrüstung.«

Papa guckt entgeistert. »Wie soll ich das denn noch unterbringen?«

Da kommen Tabea und Lina. Zumindest vermutet Carlo, dass sie es sind. Denn Tabea trägt ihren riesengroßen Lieblingshasen, der sie fast verdeckt. Und Lina einen Stapel Bilderbücher.

»Wir haben den Tabletcomputer eingepackt, darauf könnt ihr doch auch lesen«, meint Papa, während er verzweifelt versucht, den Hasen hinter seinen Sitz zu stopfen.

»Das ist nicht das Gleiche«, widerspricht Lina und drückt die Bilderbücher fest an sich.

Endlich ist alles verstaut. Carlo stellt vorsichtig die Füße auf den Hasenbauch und angelt nach dem Block und seinen Zeichenstiften. Ob er es wohl schafft, den Hasen im roten Mantel vom Weihnachtsmann zu malen?

Während Mama die Augen auf dem Beifahrersitz schließt, lenkt Papa das Auto durch die Stadt. Zum Glück ist jetzt am Vormittag nicht viel Verkehr.

Doch gerade, als er zur Autobahn abbiegen will, reißt Mama die Augen auf. »Dreh sofort um, ich hab noch was vergessen!«, ruft sie.

»Wir fahren in die Berge«, sagt Papa ruhig. »Auch dort gibt es Läden und Geschäfte, in denen man ganz wunderbar einkaufen kann.«

»Dreh bitte sofort wieder um«, verlangt Mama und schaut Papa streng an. »DAS können wir nämlich nicht kaufen, vertrau mir.«

Mit quietschenden Reifen wendet Papa das Auto und fährt zurück. Carlo seufzt leise. Er freut sich auf die Berge, aber wenn es so weitergeht, kommen sie nie dort an.

Nach einer Viertelstunde hält Papa mit laufendem Motor vor dem Haus. Mama stürmt los und kommt wenige Augenblicke später mit einem großen Sack zurück.

»Was ist denn da drin?«, fragt Carlo neugierig.

»Der Weihnachtsmann war dieses Jahr ganz früh bei uns, nur zur Sicher-

heit, damit er uns in den Bergen nicht verfehlt«, keucht Mama, während sie den Sack vorn in den Fußraum quetscht.

»Können wir?«, fragt Papa. Mama nickt. Jetzt hat sie so wenig Platz, dass sie mit angewinkelten Beinen auf ihrem Sitz hocken muss.

»Vielleicht brauchen wir ein größeres Auto«, schlägt Tabea vor. Papa schüttelt den Kopf. »Nein, wir brauchen ein besseres System beim Packen.« Er seufzt. »Jedes Mal das Gleiche. Chaos!«

Als sie die Autobahn erreichen, will Papa das Radio einschalten. »Lasst uns für alle Fälle den Verkehrsfunk hören«, sagt er.

»Aber wir wollten doch Weihnachtslieder singen«, fällt Mama ein, »da kommt man so schön in weihnachtliche Stimmung.«

Und alle singen. Im Kanon, abwechselnd allein und alle fünf gemeinsam. Jedem fällt immer noch ein Weihnachtslied ein, das unbedingt gesungen werden muss.

Jetzt freut Carlo sich schon so richtig auf Weihnachten. Nur noch wenige Stunden, dann sind sie bei Oma und Opa in den Bergen und feiern gemeinsam!

Als sie alle Lieder gesungen haben, manche sogar zwei oder drei Mal, schaltet Papa das Radio ein. »Ich höre mal eben Verkehrsfunk«, meint er.

»Och, ich wollte aber gerade ›Ich sehe was, was du nicht siehst‹ spielen«, ruft Tabea dazwischen.

»Au ja!«, brüllt Lina.

Also wird gespielt. Carlo freut sich: Tabea und Lina brauchen jedes Mal richtig lange, um seine Einfälle zu erraten.

Nach einiger Zeit verändert sich die Landschaft. Zuerst wird es hügelig, dann tauchen am Horizont die Berge auf.

»Es schneit!«, ruft Carlo und presst das Gesicht gegen die Fensterscheibe.

»Weiße Weihnachten, wie schön«, freut Mama sich.

Papa dagegen sieht besorgt aus. »Ich glaube, wir sollten jetzt wirklich mal die Verkehrsnachrichten hören«, sagt er. »Auf dem letzten Autobahnabschnitt zu Oma und Opa passiert immer so viel. Vielleicht müssen wir früher abfahren und eine andere Strecke nehmen.«

Carlo findet das gut. Hauptsache, sie kommen an! Aber Mama, Lina und Tabea hören gar nicht zu. Mama fummelt am Radio herum und sucht ein Weihnachtshörspiel für Kinder. »Was mit Tieren«, wünscht sich Lina.

»Und mit Kindern«, wirft Tabea ein.

Mama findet einen Sender, auf dem eine Weihnachtsgeschichte erzählt wird. Mit Kindern. Und drei dicken Dackeln. Gespannt hören alle zu. Dabei schaut Carlo aus dem Fenster. Die Schneeflocken fallen immer dichter. Von den Feldern und Wiesen neben der Autobahn ist nichts mehr zu sehen.

Am Rand der Fahrbahn türmen sich meterhohe Schneeberge. »Hier mussten sie schon den Schnee wegräumen«, brummt Papa.

»Warum werden wir langsamer?«, fragt Carlo.

»Irgendetwas ist vor uns auf der Strecke los«, antwortet Papa. »Da vorne blinkt es.«

Dann kommen sie ganz zum Stehen. Papa drückt am Radio herum.

»Vollsperrung auf der Autobahn wegen eines Verkehrsunfalls. Bitte verlassen Sie die Autobahn nicht. Auch die Nebenstrecken sind überlastet. Wir halten Sie auf dem Laufenden.«

»Papa, was bedeutet das denn?«, will Carlo wissen.

»Das weiß ich noch nicht«, erwidert Papa. Für alle Fälle schaltet er das Warnblinklicht ein. Doch hinter ihnen hat sich schon eine lange Schlange mit wartenden Autos gebildet. Papa schnallt sich ab. »Ich versuche mal herauszufinden, was los ist«, sagt er. Ängstlich schauen Carlo, Tabea und Lina zu, wie Papa draußen mit dem Ehepaar aus dem Auto vor ihnen spricht.

»Und?«, rufen Carlo, Lina, Tabea und Mama, als Papa wiederkommt.

»Da haben wir den Salat«, sagt Papa. »Vor uns ist ein Laster mit Lebkuchen umgekippt. Die ganze Ladung ist verstreut. Es wird Stunden dauern, bis die Strecke wieder frei ist, denn der Schnee behindert die Bergung des Lastwagens. Zum Glück ist niemand verletzt.«

»Können wir nicht einfach woanders langfahren?«, fragt Tabea.

»Nein«, entgegnet Papa, »leider nicht. Die nächste Abfahrt ist ein ganzes Stück weiter weg, da kommen wir jetzt nicht hin.«

Carlo schaut aus dem Fenster. Draußen bricht langsam die Dämmerung herein.

»Papa, wenn es noch einige Stunden dauert, bis wir weiterkönnen«, sagt er, »dann ist ja schon Weihnachten.«

Mama und Papa sehen sich an. »Du hast Recht«, meint Mama, »aber das können wir jetzt leider nicht ändern. Wir müssen eben das Beste daraus machen.«

»Dürfen wir rausgehen?«, fragt Carlo.

»Nur wenn ihr ganz dicht am Rand bleibt«, ermahnt Mama sie.

Carlo, Tabea und Lina ziehen ihre Winterjacken an und die Stiefel. Dann klettern sie mit Papa auf den Schneebergen am Straßenrand herum.

»Da liegt was«, trompetet Carlo und läuft zu einer Packung, die rot im Schnee leuchtet. »Da auch«, ruft Lina. Als sie genauer hinsehen, entdecken sie lauter Packungen, die überall zwischen den Autos verteilt sind. »Lebkuchen«, freut sich Carlo.

»Davon könnt ihr den anderen auch etwas abgeben«, schlägt Papa vor.

Carlo, Tabea und Lina gehen zu den anderen Autos und verteilen die Lebkuchen. Alle freuen sich. Bald ist es ganz dunkel.

»Kommt doch zu mir in den Bus«, ruft ein junger Mann hinter ihrem Auto und winkt. »Ich habe noch ganz viel Platz.«

Das Ehepaar aus dem Auto vor ihnen, Carlo, Mama, Papa, Tabea, Lina und die alte Frau aus dem Auto hinter dem Bus steigen zu

127

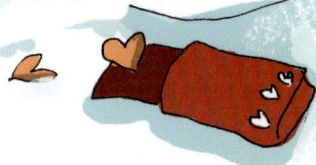

dem jungen Mann. Sogar Tabeas Hase passt hinein. »Du hast ja einen Tannenbaum«, sagt Lina und zeigt auf das Bäumchen, das auf einem Tisch thront. Alle stellen sich vor, dann verteilt Jens aus dem Bus heißen Kakao und Carlo noch mehr Lebkuchen. Mama macht Fotos und alle singen und sagen Gedichte auf.

Carlo bekommt mit, wie Mama kurz nach draußen huscht. Doch bevor er sich wundern kann, ist sie wieder da – mit dem Sack vom Weihnachtsmann. Den hatte Carlo in dem ganz besonderen Weihnachtstrubel völlig vergessen. Nun gibt es eine richtig schöne Weihnachtsbescherung. Und noch mal Lieder und Gedichte. Und die letzten Lebkuchen und Geschichten von aufregenden Reisen.

Spät in der Nacht klettert Carlo mit Mama und Papa und Lina und Tabea und dem Hasen ins Auto. Es ist kalt, aber zum Glück springt der Motor an und auch die Heizung. Kurz darauf können sie die Reise fortsetzen. »Wow, was für ein Weihnachtsfest!«, murmelt Carlo schläfrig, dann schlummert er im Kindersitz ein.

3. Dezember

Liebes Tagebuch!
Die Vorbereitungen für unsere jährliche Nikolausrevue laufen auf
Hochtouren. Diesmal haben die Rentiere und ich ein Ballettstück
einstudiert. Der Nussknacker. irgendwie passend. Musste neue
Lebkuchen nachbestellen. Sehr, sehr merkwürdig. Normalerweise reicht
die erste Lieferung im August locker bis Weihnachten. Muss jetzt
Schluss machen. Probiere ein neues Rezept für Weihnachtspunsch aus.
Gez. DER WEIHNACHTSMANN

4. Dezember

Liebes Tagebuch!
Katastrophe! Das Rätsel um die Lebkuchen ist gelöst. Fred lag
wimmernd in der Hängematte. Riesenblähbauch. Um ihn herum lauter
Lebkuchenreste. Er hat sofort gestanden und windet sich vor
Schmerzen. Der arme Kerl rührt so schnell sicher keine Lebkuchen
mehr an.
Gez. DER WEIHNACHTSMANN

6. Dezember

Liebes Tagebuch!
Fred ist immer noch etwas blass um die Nase und trägt eine
Gürtelgröße mehr. Doch ansonsten hält er sich wacker. Unserem großen
Auftritt heute Abend steht also nichts mehr im Wege.
Hoffentlich geht alles gut!
Gez. DER WEIHNACHTSMANN

Piets Briefe an das Christkind

9. Dezember

Liebes Christkind!

Mein Wunschzettel ist fertig. Ich hab ihn in die Keksdose in der Scheune gelegt, wie jedes Jahr. Aber jetzt ist mir noch etwas eingefallen. Das wünsche ich mir mehr als die Ritterburg und das Skateboard. Es ist wirklich wichtig!! Und zwar geht es ums Küssen. Mama hängt jedes Jahr Mistelzweige in die Eingangshalle. Die sehen ganz schön aus, aber ich verabscheue sie trotzdem. Denn wenn sich zwei Leute unter den Misteln treffen, müssen sie sich KÜSSEN. BUAH! Ich hasse diese Küsserei! Jetzt fragst Du Dich bestimmt, warum ich nicht einfach um die Misteln herumgehe. Das versuche ich ja. Aber oft vergesse ich, dass sie dort hängen, und wusch! – schon bin ich in jemanden hineingelaufen, der mir unbedingt ein Küsschen geben will.

Bitte unternimm etwas, sonst macht Weihnachten nur halb so viel Spaß!

Dein Piet

13. Dezember

Lieber Piet!
Vielen Dank für Deinen Brief. Alles klar! Ich verstehe sehr gut, dass Dir die Sache mit den Misteln zu schaffen macht.
Keine Sorge, ich helfe Dir.
Schöne vorweihnachtliche Grüße
Dein Christkind

PS: Dein Wunschzettel hat mich erreicht.

22. Dezember

Liebes Christkind!

Du hast mich doch nicht vergessen? Mama hat eben die Mistelzweige

aufgehängt ... und Tante Gudrun mit den Haaren am Kinn ist auch schon

angereist – uh, uh!

Bitte lass Dir etwas einfallen!!

Dein verzweifelter Piet

23. Dezember

Lieber Piet!
Du wirst sehen, es wird alles gut.
Ich habe mich bereits um Dein Problem gekümmert.
Liebe Grüße
Dein Christkind

27. Dezember

Liebes Christkind!

Das war eine tolle Idee, Mamas beste Freundin einzuladen. Und ihre Tochter Bianca.

Die ist total nett. Das war bisher mein allerschönstes Weihnachten – und das erste,

bei dem mich der Mistelzweig kein bisschen gestört hat.

Danke!!

Dein Piet

PS: Bianca duftet nach Honig. Das mag ich.

Das Advents-Dingsbums

Ich will auch einen Adventskalender«, ruft Fossy.

»Was ist das?«, knurrt Boxer, der Schwarzbär. Er wälzt sich auf den Bauch und mustert den kleinen Fuchs.

»Das hab ich bei den Menschen gesehen«, antwortet Fossy. »Darin sind ganz viele Geschenke. 24. Jeden Tag darf eins geöffnet werden.«

»Klingt gut«, brummt Boxer. »Wer macht mit?«

»Alle natürlich«, entgegnet Fossy und macht sich auf den Weg, um die anderen zusammenzutrommeln.

Kurz darauf versammeln sich die Tiere im Wald. Aufgeregt schnattern und schnaufen, rufen und zirpen, wispern und grollen sie durcheinander.

»Ruhe, bitte!«, brüllt Boxer. »Fossy sagt uns jetzt, wie wir das mit dem Ad… hm … mit dem Ad… Wie hieß das noch?«, fragt er verwirrt.

»Adventskalender«, sagt Fossy und erklärt, wie alle mitmachen können. »Jeder sucht sich etwas Schönes und hängt es hier an den Strauch«, beendet er seinen Vortrag.

Das Eichhörnchen steuert eine Walnuss bei, der Dachs ein altes Vogelei, die Mäuse eine getrocknete Blüte …

»Das sind alles schöne Sachen«, meint Boxer. »Aber wo ist die Überraschung?«

Fossy seufzt. Boxer hat Recht. So geht es nicht! »Wir sollten die Sachen besser verstecken«, überlegt er. Und noch bevor er weitersprechen kann, laufen alle schon kreuz und quer auseinander.

»Hey, kommt zurück, wir müssen die Sachen an EINEM Ort verstecken«, ruft Fossy, doch niemand achtet auf ihn.

Als sich alle wieder auf der Waldlichtung versammelt haben, gesteht William Waschbär verlegen: »Ähm, ich weiß nicht mehr so genau, wo ich mein Geschenk gelassen habe.«

»Wir können uns auch nicht erinnern«, rufen die Kaninchen.

Die Sache mit dem Adventskalender hat Fossy sich einfacher vorgestellt. Es weht ein heftiger Wind und Rindenstücke segeln von der großen alten Birke auf der Waldlichtung. Auf einmal weiß Fossy, wie sie zu ihrem Adventskalender kommen.

»Ich hab's! Schaut mal, die Birkenrinde! Daraus falten wir Tütchen für unsere Geschenke«, sagt er. »Die hängen wir in die schönste Tanne im Wald und dann darf jeden Tag einer von uns ein Tütchen öffnen.«

So machen sie es. Und es wird ein voller Erfolg!

»Tolle Sache, dieser Ad… Ad… Dingsbums«, meint Boxer am 24. Dezember.

Apfellichter für Oma Vega

Wo ist Oma Vega?«, fragt Melinda und springt auf einen Baumstumpf. Von hier aus kann sie die Lichtung im Wald überblicken, auf der sich die Tiere versammelt haben, um wie jeden Winter gemeinsam das große Lichterfest zu feiern. Aufmerksam mustert die Füchsin die Tiere um sich herum: Der Bär ist da und die Otterfamilie, die Hasen und Kaninchen, Mäuse und Biber und auch die Wildschweine und die Rehe sind gekommen. Sogar der Mäusebussard sitzt hoch oben auf der Tanne. Nur Oma Vega fehlt.

»Wartet einen Augenblick!«, bittet Melinda die anderen und schlüpft zwischen den Baumstämmen hindurch. Bis zu Vegas Bau unter den Wurzeln der gewaltigen Rotbuche ist es nicht weit.

Abseits der Lichtung ist der Wald ganz still. Zwar funkeln einige Sterne am Himmel, doch Wolken verdunkeln den Mond. Fast wäre Melinda am Dachsbau vorbeigelaufen. Im letzten Moment hält sie an.

»Oma Vega?«, ruft Melinda und steckt die Nase in den Bau. Hoffentlich bekomme ich eine Antwort, denkt Melinda. Denn der Bau wird seit vielen Jahren von Oma Vegas Familie bewohnt und ist weit verzweigt. Wer sich darin nicht gut auskennt, kann sich schnell verlaufen.

»Bist du da, Oma Vega?«, ruft Melinda wieder.

»Ja, hier unten, in der großen Grube«, kommt Oma Vegas Stimme als Antwort. Erleichtert klettert Melinda nach unten. Die große Grube ist Oma Vegas Wohnzimmer, wo sie allen Besuch empfängt.

»Warum kommst du nicht zum Lichterfest?«, fragt Melinda und stupst Oma Vega an.

Oma Vega hält ihr Hinterbein hoch. »Ich habe mir den Fuß verstaucht«, erklärt sie. »Nun muss ich so lange hier drinnen bleiben, bis ich wieder gut laufen kann.«

»So ein Pech«, sagt Melinda und seufzt. Ein Lichterfest ohne Oma Vega, das mag sie sich gar nicht vorstellen. »Brauchst du etwas zu essen oder zu trinken?«, fragt die kleine Füchsin.

135

Oma Vega schüttelt den Kopf. »Danke, aber ich bin gut versorgt. Jetzt lauf, sonst verpasst du das Fest. Du kannst mich ja morgen wieder besuchen.«

»Das mache ich«, verspricht Melinda und läuft zurück zur Waldlichtung. Arme Oma Vega! Melinda überlegt, wie sie doch noch beim Lichterfest mitmachen kann. Nur der Bär könnte sie heben. Doch er ist so groß, dass er selbst im breitesten Gang stecken bleiben würde. Da hat Melinda einen neuen Einfall. Wenn Oma Vega nicht zum Lichterfest kommen kann, dann müssen die Lichter eben zu ihr, beschließt sie und weiht die anderen Tiere ein.

Wenig später nähern sich die Tiere kichernd und flüsternd Oma Vegas Bau.

Die ist gerade ein wenig eingenickt. Verschlafen reibt sie sich die Augen, als Melinda wieder in ihrer dunklen Höhle erscheint.

»Wir bringen dir das Licht«, verkündet Melinda und dreht sich um. Schon huschen die Kaninchen, Hasen und Mäuse an ihr vorbei und verteilen lauter rote Äpfel, auf denen brennende Kerzen stecken, zwischen den herabhängenden Wurzeln. Bald erhellt ein Lichtschein die Rotbuche. Auch Oma Vega leuchtet. »Was für ein besonders schönes Lichterfest«, ruft sie und strahlt vor Freude.

Hexensaftundkraftgetränk

Noch eine Geschichte«, bittet Natascha ihre Tante. »Nur noch eine einzige.«

Oksana hustet so heftig, dass Natscha ihr auf den Rücken klopfen muss. »Ich brauche eine Pause«, krächzt die Winterhexe und klappt das Buch zu. »Nachher lese ich weiter, aber zuerst muss ich mich ausruhen.« Sie steigt auf das schwebende Sofa und schließt die Augen. Sekunden später hört Natscha ein leises Schnarchen. Und jetzt? Sie schaut sich im Hexenhaus um. Fast wird es schon langweilig, da fällt ihr Blick auf Oksanas Kessel. »Genau! Ich braue einen Hexentrank, der extra gut beim Vorlesen hilft«, beschließt Natascha.

Sie gießt Milch in das bauchige Gefäß und legt mehrere Riegel dunkle Schokolade hinein, die durch die Wärme des Feuers langsam schmelzen.

»Jetzt noch Kakaopulver und eine Prise Zucker«, murmelt Natascha und rührt alles gut um. Das duftet so gut, dass Oksana aufwacht. »Mmh, Schokolade«, freut sie sich und hüpft vom Sofa. Mit einem Fingerschnipsen schlägt sie etwas Sahne, die mit Schokostreuseln verziert wird.

Natascha und Oksana lassen sich den Kakao schmecken. »Liest du mir jetzt weiter vor?«, fragt Natascha. »Kein Problem«, sagt Oksana und schlägt ihr dickstes Geschichtenbuch auf.

Weihnachtsputz in der Biberburg

Jedes Jahr, kurz vor dem Weihnachtsfest, stand die Biberburg kopf. Besser gesagt: Sie wurde auf den Kopf gestellt. Von Mama Biber, die das Oberste nach unten und das Unterste nach oben kehrte. Sie putzte und wienerte, staubte ab und schrubbte.

»Ich wünschte, wir hätten einmal eine ruhige Weihnachtszeit«, seufzte Papa.

Mama schüttelte den Kopf. »Vorher müssen wir aufräumen«, sagte sie energisch. »Am besten fange ich sofort an.« Schon scheuchte sie Papa, Berti, Bob, Bente und Bohild nach draußen. Während die noch verdutzt überlegten, wie ihnen geschah, hörten sie es drinnen poltern.

Mama war auf einem Scheuertuch ausgerutscht. »Beinbruch, ganz glatt«, stellte der Doktor kurz darauf fest und verordnete strenge Bettruhe.

»Ruh dich nur aus, wir übernehmen den Weihnachtsputz«, versprach Papa. Mama raufte sich die Haare, als Bohild mit dem Besen alle Bilder von den Wänden fegte. Sie vergrub ihr Gesicht im Kissen, als Bob beim Abwaschen Untertassen aus den großen Suppentellern machte.

Sie kniff die Augen zusammen, als Bente die Vorhänge herunterriss, und hüpfte auf einem Bein im Bett herum, als Berti beim Anbringen des Weihnachtsschmucks ein Fenster in die Burgwand klopfte. Dann zerbrach Papa die Tannenbaumkugeln. Alle auf einmal!

Berti, Bob, Bente, Bohild und Papa hielten den Atem an: Was würde Mama sagen? Doch die lachte und lachte und lachte. »Das ist die lustigste Weihnachtszeit, die wir je hatten!«, rief sie. »Nächstes Jahr machen wir den Weihnachtsputz wieder genauso.«

»Gern«, sagte Papa und plumpste erschöpft in den nächsten Sessel.

20. Dezember

Liebes Tagebuch!

Das weißt du ja noch gar nicht: Die Nikolausrevue war ein voller Erfolg. Bin in Eile. Es schneit und Weihnachten steht vor der Tür. Jede Menge Geschenke müssen verpackt und ausgetragen werden. Aber mit dem neuen Schlitten macht das riesigen Spaß! Auch Leila, Fred, Rafael und Karacho sind begeistert. Also bis bald!

Gez. DER WEIHNACHTSMANN

24. Dezember

Liebes Tagebuch!
Die Arbeit ist getan. Fred, Karacho, Leila und ich erholen uns bei einem prächtigen Glas Portwein vor dem Feuer. Rafael hat eben das Zimmer verlassen. Da war ein scharrendes Geräusch vor der Haustür. Merkwürdig. Rafael ist der Einzige von uns, der noch genug Elan hat, der Sache auf den Grund zu gehen. —
Da kommt er wieder. Und in der Hand . . .
sie hat es wieder getan. Urgroßtante Elfriede meine ich. im Briefkasten steckte ein Paket. Für mich. Was drin war . . . Schon gut, ich lüfte das Geheimnis: eine erstklassige Fotokamera. Wie findest du mein erstes Bild? Sind wir nicht gut getroffen?
Gez. DER WEIHNACHTSMANN

Die Autorin und die Illustratorinnen und Illustratoren

Ruth Rahlff

Mit Büchern hatte Ruth Rahlff schon früh zu tun: Sie sortierte die Wälzer ihres Vaters um, probierte sich als Verkaufstalent in der Buchhandlung ihres Onkels, ließ sich zur Verlagsbuchhändlerin ausbilden, arbeitete in einem sehr großen und einem sehr kleinen Verlag und ist nun freie Autorin und Lektorin. Dabei schlüpft sie auch gern in andere Identitäten. Sie schreibt Geschichten, Sach- und Spielbücher, Kinderromane, verfasst Texte für apps und gibt Workshops für Kinder im Vor- und Grundschulalter.

Miriam Cordes

1970 geboren, hat am Institut für Graphik und Design und an der Fachhochschule für Gestaltung in Hamburg Werbegraphik und Kinderbuchillustration studiert. Sie lebt als freie Künstlerin in Dänemark und hat zahlreiche Bilderbücher und Jugendromane illustriert sowie eine Reihe eigener Bilderbücher geschrieben und gezeichnet.

Jörg Hilbert

studierte nach seinem Zivildienst Grafik-Design an der Universität GH Essen. Er gehört zu den beliebtesten deutschsprachigen Kinderbuchautoren und -illustratoren. Sein vielfältiges Werk umfasst Musicals, Software-Entwicklungen, Romane, zahlreiche musikpädagogische Ausgaben, Bilderbücher, Kompositionen, Liedertexte und Gedichte. Seine Ritter Rost-Titel wurden in über dreißig Ländern veröffentlich.

Outi Kaden

1966 geboren, war eigentlich schon im Alter von fünf Jahren klar, dass sie Kinderbücher schreiben und illustrieren will. Es waren aber noch einige Irr- und Umwege nötig, bis sie diesen Wunsch dann auch verwirklicht hat. Seit 2002 arbeitet sie als freiberufliche Illustratorin und Autorin.

Katja Mensing

1968 in Hamburg geboren, studierte Illustration und Trickfilm in Essen und Helsinki. Sie arbeitete lange mit Kindergruppen zusammen und kann sich täglich aufs Neue für Bilder von Kindern begeistern. Seit 1994 lebt sie zeichnend, malend, schreibend und tüftelnd in Ahrensburg bei Hamburg.

Heribert Schulmeyer

1954 geboren, zeichnet seit Jugendtagen leidenschaftlich gerne Comics. Nach seinem Abitur studierte er freie Grafik und Illustration an der Kölner Werkschule. Seitdem hat er etliche Kinderbücher illustriert, Hansi Hase erfunden und für den WDR bei der „Sendung mit der Maus" gearbeitet. Heribert Schulmeyer lebt als freier Künstler in Köln.

Dorothea Tust

1956 geboren, studierte in Wuppertal Grafik-Design mit dem Schwerpunkt Illustration. Seit 1980 ist sie freiberuflich als Illustratorin für verschiedene Verlage tätig. Sie arbeitet außerdem an Trickfilmprojekten und hat schon über 50 Bildergeschichten für „Die Sendung mit der Maus" gemacht.

Die Weihnachtsbäckerei:
Auflösung: 13 Hühner haben sich
in die Küche verirrt.

Auf dem Weihnachtsmarkt:
Auflösung: Er sitzt hinter der Brun-
nenfigur.